Los desacuerdos de paz

Juan Gabriel Vásquez

Los desacuerdos de paz

Artículos y conversaciones (2012-2022)

Papel certificado por el Forest Stewardship Council®

MIXTO
Papel procedente de
fuentes responsables
FSC® C117695

Penguin
Random House
Grupo Editorial

Primera edición: junio de 2022

© 2022, Juan Gabriel Vásquez
c/o Casanovas & Lynch Agencia Literaria, S. L.
© 2022, Penguin Random House Grupo Editorial, SAS
Carrera 7 N.º 75-51, piso 7, Bogotá, D. C., Colombia
PBX (57-1) 7430700
© 2022, Penguin Random House Grupo Editorial, S. A. U.
Travessera de Gràcia, 47-49. 08021 Barcelona

© Diseño: Penguin Random House Grupo Editorial, inspirado en un diseño original de Enric Satué

Printed in Spain – Impreso en España

ISBN: 978-84-204-6316-2
Depósito legal: B-5507-2022

Impreso en Unigraf, Móstoles (Madrid)

AL63162

A Ricardo Silva, columnista, y a Carolina López

No sabremos nada mientras no sepamos
si tenemos derecho de matar a otro o de consentir
que alguien lo mate.

ALBERT CAMUS, *El hombre rebelde*

A manera de prólogo:
La difícil tarea de decir «esto ha ocurrido»

I

Hacia el final de *El general en su laberinto*, Simón Bolívar recibe a una pareja de conocidos para tomar en su casa de habitación la merienda de las cuatro, y en medio de una conversación sobre religión y revoluciones les suelta esta frase dolorosa: «Cada colombiano es un país enemigo». No sé cuántas veces he recordado la escena en el curso de estos últimos años, ni cuántas he leído ese par de páginas sólo para maravillarme del talento misterioso con que las ficciones nos hablan siempre de lo que nos está ocurriendo, pero las palabras que García Márquez escribió en esa novela de 1989 se me han parecido sospechosamente a lo que muchos hemos sentido más de una vez en los últimos diez años: los que han transcurrido entre el anuncio oficial de las negociaciones de paz, hecho en Oslo en octubre de 2012, y este presente atribulado y confuso en que tratamos de lidiar con las consecuencias de lo negociado. Nunca, desde la guerra bipartidista de los años cincuenta, con sus trescientos mil muertos y su legado de un país descoyuntado que todavía tratamos de reparar, habíamos estado los colombianos tan preparados para ejercer o tolerar la violencia —retórica o física: la una siempre ha llevado a la otra— cuando ese adversario es quien puede sufrirla. Y eso es lo que advierte Bolívar mientras toma la merienda de las cuatro de la tarde: por eso dice que todo colombiano es un país enemigo. Igual que páginas más tarde, tras la lectura que le hacen de una carta decepcionante, suelta otra verdad más suave, pero no menos pertinente: «Todas las ideas que se les ocurren a los colombianos son para dividir».

Las negociaciones de paz de La Habana y los acuerdos del Teatro Colón son el intento más dedicado que se ha hecho en Colombia por contradecir al Bolívar de la novela. También son —porque en este país nada es sencillo nunca— la confirmación más perfecta de sus opiniones. Por supuesto que el objetivo principal de los acuerdos era acabar con una guerra que nos ha puesto, como país, frente al espejo incómodo de nuestra propia crueldad; pero en cierto sentido eran más ambiciosos, pues también buscaban abrir un espacio donde se nos pudieran ocurrir ideas que no nos dividieran, sino lo contrario: es decir, colaborar con la invención de un país donde todos quepamos. Los resultados, como lo sabe todo el mundo, fueron por otra parte. El plebiscito del 2 de octubre de 2016 se convirtió en un símbolo de nuestras fracturas, nuestras supersticiones, nuestros resentimientos y nuestros odios, retrató para siempre a nuestros líderes fraudulentos y mendaces, envenenó nuestra conversación y dinamitó nuestra convivencia, pero sobre todo nos llenó de preguntas. ¿Por qué pasó lo que pasó? ¿Cómo interpretarlo?, ¿qué nos dice acerca de lo que somos y para qué sirve saberlo, si es que sirve para algo?

Cuando comenzaron las negociaciones yo llevaba cinco años escribiendo columnas de opinión en la prensa, y durante los años que siguieron continué haciéndolo bajo la convicción de estar asistiendo a un hecho importante, acaso el más importante que había ocurrido en varias generaciones, pero cuya trascendencia sólo era tan grande como la dificultad de entenderlo. Este libro es una recopilación de todo lo que escribí en esta década —artículos y columnas de opinión, pero también ensayos y conversaciones— con la intención de entender primero y tratar de explicar después. Para un novelista, el oficio de opinar no deja de tener cierta extrañeza. El novelista escribe a partir de la duda y la incertidumbre; el columnista, a partir de la certeza. La novela es una forma complejísima de hacer preguntas; la columna de opinión, en cambio, quiere ofrecer alguna forma de respuesta. Pero nada de esto importa en el fondo, porque el asunto es más sencillo: todo novelista es también un ciudadano. Y a menos que me equivoque, estas piezas, leídas en el orden en que aparecen aquí, cuentan una historia que puede ser la de muchos de ustedes: el esfuerzo por interpretar una realidad presente, imaginar una realidad futura y tratar de hacer algo, lo que esté a nuestro alcance, por cubrir el espacio insondable que va de la una a la otra. Pues bien, lo que estaba a mi alcance era el periodismo.

Pero ninguna de las dos cosas —ni el ejercicio del periodismo ni el de la ciudadanía— es fácil en Colombia. Las piezas de este libro se publicaron en un país donde se amenaza con facilidad pasmosa, donde los poderosos usan su poder con demasiada frecuencia para intimidar a sus críticos, y donde la censura que no consiguen los violentos la consigue el salvajismo de la crispación ciudadana, tal como ocurre en ese arrabal de cuchilleros que son a menudo las redes sociales. Muchas veces, en el curso de estos diez años, me pregunté para qué seguía haciendo lo que hacía, y este ambiente de violencia retórica era parte de mi desasosiego. En agosto de 2014, después de siete años de respetar una cita semanal con los lectores, dejé mi columna en *El Espectador*. «Sé que pocos trabajos hay tan nobles», escribí entonces, «como el intento —en la medida de nuestras imperfecciones— de devolver cierta altura a la discusión pública, sobre todo en un país que se ha acostumbrado demasiado a los atajos del amedrentamiento y la calumnia». Sigo pensándolo, por supuesto, y más cuando leo a los periodistas que admiro, que todos los días se hacen la vida más incómoda y corren riesgos innombrables; pero un par de años después de esa columna, cuando volví a hacer periodismo con cierta asiduidad y una manifiesta sensación de urgencia, a aquellos vicios de nuestros debates sociales se había sumado uno más, emblema lamentable de estos tiempos que nos tocaron en suerte.

II

Tras la aparición en nuestro léxico vivo de la palabra *posverdad*, muchos creyeron y sostuvieron que no había nada nuevo en nuestras inquietudes: que se trataba de la misma mentira política de siempre. No me pareció que fuera así y no me lo parece todavía, a pesar de que los fenómenos, vistos desde afuera, resulten tan similares. No voy a ser yo quien se rasgue las vestiduras cuando un político mienta: la mentira y la política son viejas compañeras, porque son viejos compañeros la mentira y el poder. No sólo es imposible que un ser humano gane y ejerza poder sobre los otros sin distorsionar la verdad de alguna forma, sino que las únicas verdades que no están en riesgo permanente de distorsión u ocultamiento son las que no contienen poder alguno. «Sólo la verdad que no se opone a ningún beneficio ni placer humano es bienvenida por todos los hombres», escribió Hobbes en un pasaje de *Leviatán* que le gustaba mucho a Hannah Arendt. Enseguida decía, con clarividencia pero no sin humor:

> No me cabe duda de que la doctrina según la cual los tres ángulos de un triángulo han de ser iguales a dos ángulos de un cuadrado, de haberse opuesto al derecho de dominio de cualquier hombre o al interés de los dominadores, habría sido no sólo discutida, sino, en la medida del poder del afectado, suprimida mediante la quema de todos los libros de geometría.

De manera que tengo clara esa obviedad: donde el poder está en juego, la mentira se hará presente. Tal vez sean más extrañas, aunque no más sorprendentes, las razones por las que los ciudadanos se abandonan a la mentira de sus líderes, o suspenden el buen juicio y rinden su credulidad cuando la mentira que esos líderes les cuentan satisface sus intereses o confirma sus prejuicios. Allí no estamos ya frente al mentiroso que conoce la verdad y dice lo que la oculta u ofusca, sino frente al destinatario que decide creer la declaración del mentiroso sin que le importe la posibilidad del engaño, pues la encuentra reconfortante o alentadora. Pero tampoco es eso exactamente lo que nos ha pasado en los últimos años; o es eso, sí, pero también es algo más: es su exacerbación, su hipertrofia. Lo que hemos dado en llamar *posverdad* no es aquella mentira política: es el fenómeno por el cual la distinción entre verdad y mentira ha dejado de importar para el ciudadano, y lo que moldea o define su percepción de la realidad no son ya los hechos verificables, sino sus emociones más profundas. En otras palabras, lo que determina su opinión del mundo —y, por lo tanto, sus decisiones políticas— no es lo que ocurrió, sino lo que el ciudadano *quiere que ocurra o que haya ocurrido*. ¿Cómo es eso posible?

Ésta es, para mí, la verdadera revolución de las nuevas tecnologías: lo que podemos llamar la *ruptura de la realidad compartida*. Antes del advenimiento de las redes sociales, e incluso en el mundo del año 2012, cuando comencé a escribir opiniones sobre las negociaciones de paz, había entre los ciudadanos una cierta creencia en la realidad compartida: es decir, la realidad se interpretaba de manera distinta según nuestros prejuicios, nuestra educación, nuestras obcecaciones, nuestra información y nuestras creencias, pero aceptábamos que la realidad era igual para todos. Los hechos se contaban de una forma desde la izquierda política y de otra desde la derecha; pero los hechos eran los mismos. La cuestión siempre ha sido problemática, desde luego. A Hannah Arendt, cuyos ensayos llevan cinco años encima de mi escritorio y al alcance de mi mano como botiquines de primeros auxilios, le preocupó el asunto lo bastante como para dedicarle páginas agudas. En un ensayo de 1967, hablando de la narración histórica, dejó varias iluminaciones valiosas sobre los intentos que hacemos por comentar el presente desde el periodismo. «¿Existen en realidad los hechos independientes de la opinión y de la interpretación?», se pregunta. En otras palabras: ¿no es imposible establecer la realidad de un hecho si no se le acompaña de una explicación, una elucidación, un comentario? Estos problemas de la historia son reales, dice, «pero no constituyen un argumento contra la existencia de las cuestiones objetivas, ni pueden servir para justificar que se borren las líneas divisorias entre el hecho, la opinión y la interpretación». Y concluye: «Cuando admitimos que cada generación tiene derecho a escribir su propia historia, sólo estamos reconociendo el derecho a ordenar los acontecimientos según la perspectiva de dicha generación, no el derecho a alterar el propio asunto objetivo».

A partir del malhadado año de 2016, los ciudadanos nos dimos cuenta —los que quisimos darnos cuenta, en todo caso— de que la *alteración del asunto objetivo* no era simplemente una posibilidad, sino que había comenzado a regir nuestra relación con el mundo. La elección improbable de Trump, la victoria del Brexit y la derrota de los acuerdos de paz en Colombia fueron los episodios más conspicuos de ese nuevo estado de las cosas. Las alarmas sonaron cuando Sean Spicer, director de comunicaciones de Trump, se paró frente a las cámaras de la sala de prensa y sostuvo que a la toma de posesión de su jefe había asistido más gente que a la de Obama, a pesar de que todas las imágenes demostraran lo contrario; días después, Kellyanne Conway, consejera del presidente, defendió esa falsedad con el argumento de que Spicer no había mentido: había usado *hechos alternativos*. Y de repente, en cuestión de pocos segundos de televisión, la línea entre el hecho y la opinión había sido obliterada sin remedio frente a los ojos del mundo. Lo ocurrido en la toma de posesión ya no era lo que había ocurrido, sino lo que Trump *quería que ocurriera o que hubiera ocurrido*. Sólo faltaba que los hechos alternativos se convirtieran, para miles de seguidores del presidente, en los únicos hechos. Y eso, esa magia inverosímil que parece salida de una novela distópica, es lo que han logrado las redes sociales.

En los últimos años, una serie de libros han comenzado a iluminar el funcionamiento, los mecanismos y los secretos del negocio millonario de las redes sociales, y a explicarnos a los legos —que, para ciertos efectos, somos casi todos— las razones por las que nuestro mundo político se está yendo a la mierda gracias a nuestra negligencia, o con nuestra complicidad y aun nuestro beneplácito.* Muchas de esas razones tienen que ver con los algoritmos que determinan lo que vemos, una serie de calculaciones de enorme tamaño que acumulan información sobre el usuario de las redes para trazar su perfil y ofrecerle, a ese usuario y sólo a ese usuario, una versión de la realidad que nadie más puede ver. Es un mecanismo perverso, porque la información que acumula el sistema viene del usuario mismo tanto como de un sofisticado espionaje.

«Los algoritmos se atiborran de datos sobre usted, cada segundo», escribe Jaron Lanier. «¿En qué tipo de enlaces hace usted clic? ¿Qué videos ve hasta el final? ¿Con qué rapidez pasa de una cosa a otra? ¿Dónde está usted cuando hace estas cosas? ¿Con quién se relaciona en persona y en línea? ¿Qué expresiones faciales hace usted? ¿Cómo cambia el tono de su piel en diferentes situaciones? ¿Qué estaba usted haciendo justo antes de decidirse a comprar algo o no? ¿A votar o no?». Estas mediciones construyen un perfil de cada usuario y definen, enseguida, las propuestas que le hace el algoritmo: los enlaces que le manda, los *feeds* que le sugiere, los videos que le propone, las publicidades que le ofrece. Se trata, dice Lanier, de una técnica de manipulación y modificación de nuestro comportamiento sin precedentes. El perfil se ajusta y se optimiza a cada segundo de nuestro comportamiento digital; cada segundo, el algoritmo entiende mejor qué tipo de propuestas llevarían al usuario a pasar más tiempo conectado o a comportarse de cierta manera como consumidor; cada segundo, el algoritmo está definiendo con

---

* Algunos de ellos, los que más me han servido a mí para hacerme una idea clara del estado de cosas, son *Diez razones para borrar tus redes sociales de inmediato*, de Jaron Lanier; *La era del capitalismo de la vigilancia*, de Shoshana Zuboff, y *Falso espejo: reflexiones sobre el autoengaño*, de Jia Tolentino.

más precisión una historia que le cuenta a *este* usuario, pero no a ningún otro: pues el comportamiento digital del otro no ha sido el mismo.

Las consecuencias políticas son aterradoras. Si los algoritmos me presentan a mí una realidad que nadie más ve, mi capacidad de comprender a los demás se debilita y va desapareciendo lentamente. Lanier nos pide imaginar que Wikipedia nos mostrara a cada usuario una versión diferente de sus artículos dependiendo de nuestras preferencias, nuestras antipatías y nuestro comportamiento en línea: pues bien, no es distinto lo que nos sucede ahora. «No sólo su visión del mundo está distorsionada», escribe Lanier, «sino que tiene usted menos conciencia de la visión del mundo de los demás. Ha sido usted desterrado de las experiencias de los otros grupos, que están siendo manipulados por aparte. Las experiencias de esos grupos son tan opacas para usted como los algoritmos que dirigen sus propias experiencias. Esta transformación marca una época. La versión del mundo que usted está viendo es invisible para las personas que lo malinterpretan, y viceversa». En cierto sentido, la realidad que cada usuario ve a través de sus redes, el conjunto de los hechos que en sus redes pasan por la verdad total, han sido diseñados *según sus opiniones*. El resultado natural de esta ruptura de la realidad común es el refuerzo del tribalismo, el sectarismo y la intolerancia.

Jia Tolentino, una *millennial* tan conectada como cualquiera, lo explica maravillosamente:

Podemos limitar —y probablemente lo hagamos— nuestra actividad en línea a los sitios web que refuerzan nuestro sentido de identidad, de manera que cada uno de nosotros lee cosas escritas para gente como nosotros. En las plataformas de las redes sociales, todo lo que vemos corresponde a nuestras elecciones conscientes y a nuestras preferencias guiadas por algoritmos, y todas las noticias y la cultura y la interacción interpersonal se filtran a través de la base del perfil. La locura cotidiana que internet perpetúa es la de esta arquitectura, que sitúa la identidad personal en el centro del universo. Es como si nos hubieran puesto en un mirador desde el cual se ve el mundo entero y nos hubieran dado unos prismáticos que hacen que todo se parezca a nuestro propio reflejo. A través de las redes sociales, muchas personas han llegado rápidamente a ver toda nueva información como una especie de comentario directo sobre *quiénes son*.

Se trata de una forma de narcisismo que trasciende la esfera de lo íntimo y se vuelve político con una rapidez pasmosa, y al hacerlo envenena toda relación ciudadana e impide toda negociación social. Por si quedara duda, Tolentino añade más adelante:

> El objetivo de Facebook de mostrar a la gente sólo lo que le interesaba ver resultó, en cuestión de una década, en el fin efectivo de la realidad cívica compartida. Y esta decisión de la empresa, combinada con el incentivo financiero de provocar continuamente respuestas emocionales exacerbadas en sus usuarios, acabó por consolidar la norma actual en el consumo de medios informativos: hoy consumimos mayoritariamente noticias que se corresponden con nuestra alineación ideológica, que ha sido afinada para hacernos sentir moralmente superiores y al mismo tiempo enfadados.

Emberracados, diríamos los colombianos: como cuando nos mienten y nos engañan para que salgamos a votar de una determinada manera, o creyendo en una realidad determinada. Fue lo que hizo impunemente la campaña por el No a los acuerdos de La Habana, según la confesión ridícula e involuntaria del hombre que la dirigió. Más allá de nuestras convicciones políticas (o de las lealtades que las fortifiquen o reemplacen), sólo los cínicos olvidan este fraude o fingen que nunca ocurrió.

Pero de aquella campaña gigantesca de mentiras y engaños, que tuvo una influencia decisiva en el resultado del plebiscito, se ocupan bastante los artículos de este libro, y no vale la pena que le dedique demasiado espacio ahora. Lo que aquí me importa es ese diagnóstico que me parece inapelable: las nuevas tecnologías han provocado la desaparición de los límites entre la realidad y la opinión que tengamos sobre ella. Hoy algunos pueden decir que *no hay realidad objetiva*, o acaso que *todo es opinión*. En semejantes circunstancias, ¿qué utilidad tiene el ejercicio del periodismo tal como lo entendemos los columnistas de prensa, ocasionales o no? ¿Qué peso puede tener un razonamiento complejo expresado en seiscientas o mil palabras, apoyado en una confirmación de datos de cierto rigor y en todo caso respaldado por la cara y la firma de quien escribe, cuando la conversación influyente, la que realmente mueve las agujas del mundo, ocurre en otra parte, de otras formas más emocionales y por lo tanto más seductoras o adictivas, amparada con frecuencia por el anonimato cuando no por la alevosía, y sobre todo libre de las reglas ya anacrónicas del apego a la verdad comprobable y la responsabilidad del emisor? La amplísima mayoría de los columnistas de opinión, en los medios que llamamos tradicionales, apoyaba los acuerdos de paz: ¿qué nos dice el hecho de que hayan sido derrotados en el plebiscito del 2 de octubre? Entre líneas, este libro quiere ser también una reflexión sobre nuestras limitaciones.

III

Fui un defensor de los acuerdos de paz desde el principio, cuando serlo significaba enfrentarse más arduamente que ahora a las mayorías de esa veleta que llamamos la opinión pública, pero traté siempre de escribir con la mirada clara, sin hoja de ruta ni instrucciones gremiales ni bajo el cómodo paraguas de las ideologías. En especial —éste fue quizás el mandato más estricto que me impuse, y lo sigue siendo—, traté de escribir sin buscar nunca el aplauso ni evitar el abucheo, vinieran de donde vinieran. Hoy me sorprende el escepticismo de las primeras columnas; también me incomoda que la testaruda realidad colombiana lo haya justificado a cada paso. Pero si hay alguna razón para la esperanza, aun en medio de los embates inconcebibles que ha sufrido nuestro derecho a la paz, es la transformación evidente de la sociedad colombiana en estos diez años. También por eso me decido a publicar este libro: porque hay toda una generación de jóvenes que eran niños cuando se anunciaron las negociaciones y hoy son adultos políticamente activos, participantes en este debate y, sobre todo, herederos del país que de él resulte. Ha sido una década difícil, más llena de combates que de logros ciertos, y sin embargo los logros están ahí: los acuerdos de paz han resistido ataques, calumnias, trampas y simulaciones, las traiciones de algunos de quienes firmaron y la negligencia, la hipocresía o los taimados saboteos de quienes tenían que implementarlos. Pero siguen adelante.

Anton Chéjov, un escritor ruso que nunca fue columnista de prensa, escribió en 1888 una carta a la que vuelvo con frecuencia, particularmente en momentos de desorientación o agobio, como una manera de calibrar la brújula. Chéjov trataba de defenderse de una acusación que recibía a menudo: la de no tener convicciones ideológicas ni afiliarse con claridad a un grupo o partido. «Odio las mentiras y la violencia en todas sus formas», fue su defensa. «Para mí, lo más sagrado es el cuerpo humano, la salud, la inteligencia, el talento, la inspiración, el amor y la libertad más absoluta que pueda imaginarse, libertad de toda violencia y toda mentira, sin importar qué forma tomen estas últimas». Los lectores de Chéjov hemos tomado estas palabras, tradicionalmente, como una declaración de la independencia del artista, pero hoy me parecen inmejorables como credo político. Estar libres de la violencia y la mentira: todo, en últimas, se reduce a eso. Y por supuesto que es imposible erradicarlas por completo, pero ¿no sería ese propósito digno de nuestros mejores esfuerzos, aunque nunca se consiga? La sociedad colombiana de los últimos diez años se divide de muchas formas, pero una de esas divisiones es especialmente iluminadora y, aunque sea tosca, no parece injusta: de un lado están quienes predican, ensalzan, practican o se aprovechan de la violencia y la mentira; del otro, todos los demás. ¿Pero qué formas asumen esa mentira, esa violencia? Identificarlas a veces no es tan fácil como debería ser, pues la mentira y la violencia pueden asumir mil máscaras que a algunos les parezcan no sólo aceptables, sino dignas de elogio. El periodismo de opinión, pienso cuando leo a los mejores columnistas colombianos, es uno de los lugares donde se desenmascara o señala a los mentirosos y a los violentos. Después puede uno preguntarse si sirve de algo hacerlo. Pero ésa es otra conversación.

Al lector le pido que lea estas piezas sin perder de vista nunca la fecha en que fueron publicadas, y haciendo además el ejercicio difícil de recordar o reconstruir dónde estaba —qué certezas tenía, qué incertidumbres, qué expectativas— en cada momento preciso. Pues este libro no quiere sólo ofrecerles a ustedes un inventario de alegatos, reflexiones, indignaciones y denuncias (y a veces de elogios e infrecuentes instantes de optimismo), sino que busca también presentar un retrato en movimiento: el de un ciudadano razonablemente bien informado, cuyo juicio sobre la época que le tocó vivir se modifica con el paso del tiempo, la invaluable experiencia y los conocimientos adquiridos. Muchos interpretarán la realidad que comentan estos artículos de manera distinta; este libro es una invitación a todos ellos, y nada me gustaría más que saber de la lectura, página tras página, de quien no está de acuerdo con nada de lo que he sostenido a lo largo de estos diez años. Pues mi rechazo visceral a las utopías —a las promesas de una sociedad perfecta que constantemente nos llegan a los colombianos, tanto desde la izquierda como desde la derecha— se debe también a la convicción, que se ha afianzado con los años, de que no hay nada tan peligroso para una democracia como el deseo o la búsqueda de la unanimidad.

En *La peste*, la novela de Camus que muchos hemos vuelto a leer en estos tiempos de pandemia, el autor de la crónica se ve a sí mismo como «testigo fiel» de los hechos, y describe su tarea en estos términos que parecen sencillos:

«Decir "esto ha ocurrido" cuando sabe que, en efecto, esto ha ocurrido».

Yo he comprobado, en la extrañeza de los últimos años, que no hay nada más difícil en el mundo.

No es por aguar la fiesta
El Espectador, 18 de octubre de 2012

Nací en 1973: siete años después de la Segunda Conferencia del Bloque Sur, once después del comienzo del plan LASO, doce después de que Álvaro Gómez hablara de la «República de Marquetalia». Para decirlo en otras palabras: no sé —y no sabe mi generación— lo que es un país en paz. Son más de cuarenta años de una guerra que ha bajado por momentos a los fondos más infames de la crueldad y la sevicia; ha distorsionado sin remedio la percepción de los colombianos, su idea de lo que se debe y no se debe tolerar en una sociedad, su visión del otro. Esta guerra de más de cuatro décadas se las ha arreglado para sacar lo peor de nosotros, incluida nuestra formidable capacidad para el autoengaño. Son más de cuatro décadas de mentirnos a nosotros mismos: sobre las causas de la violencia, sobre las responsabilidades de quienes la ejercen, sobre las razones por las que la violencia sigue viva, sobre lo que quiere la guerrilla y lo que busca, sobre lo que se puede hacer para conseguirlo, sobre lo que puede hacer el Estado para defenderse. En tantos años se dicen muchas mentiras, y eso al final pasa factura. Y eso es lo que creo que va a ocurrir en Oslo: la historia nos va a cobrar más de cuatro décadas de mentiras.

Una de las mentiras más grandes, por supuesto, es que la paz de verdad sea una posibilidad real. No lo es: puede ser posible un tratado de paz, pero eso es otra cosa. Para que haya paz —qué desgastada está la palabrita: uno la escribe y de inmediato siente que está diciendo mentiras, que está embaucando a alguien— se necesita que desaparezcan dos condiciones objetivas que alimentan la guerra, y cuya mención ya es un gran lugar común: el narcotráfico y la desigualdad. Y yo no veo que ninguna de las dos tenga muchas ganas de irse a ningún lado. Por una parte, el índice Gini —el coeficiente que mide la desigualdad— bajó por primera vez en décadas (buena noticia), pero bajó a 54,8 (y eso sigue siendo pésima noticia). Por la otra, el tráfico de drogas seguirá mientras siga peleándose (es un decir) esa otra guerra que también existe desde antes de que naciera yo, y que tampoco me ha dejado conocer una realidad distinta: esa guerra que, al contrario de aquella cuyo fin se negocia en Oslo, no nos llega desde adentro, sino desde afuera: desde la prohibición que han impuesto históricamente los sucesivos gobiernos de los Estados Unidos, presos o rehenes de la hipocresía, el puritanismo, los votos, los dineros negros que sostienen sectores enteros de su economía y el chantaje sin solución de varios *lobbies* poderosos, incluido el de las armas.

Así que no: no es posible una paz de verdad. Pero si hay alguna razón para el optimismo, es que el mismo presidente que negociará esta paz ha sido el único mandatario en activo que se ha atrevido a poner sobre la mesa el espinoso asunto de la legalización. Y no tengo que demostrar, supongo, los incontables y perniciosos vínculos subterráneos que unen la mesa en Oslo con la otra mesa, todavía virtual, de la legalización. La prueba es que las dos cosas —la negociación de una paz con esta guerrilla descarriada y pervertida y la legalización de la droga como única manera de reducir la violencia que nos corroe— son constantemente saboteadas por los mismos personajes. Y tampoco ellos tienen pinta de querer irse a ningún lado.

Instrucciones para tragar sapos
El Espectador, 25 de julio de 2013

Todo ha sucedido en espacio de pocos días, con lo cual no hemos tenido ni tiempo de sentarnos a pensar en lo que se viene encima a corto o a mediano plazo. Las Farc secuestran a un norteamericano y luego dicen que lo van a soltar como gesto de buena voluntad (igual que hace unos meses dijeron que no secuestrarían más, también como gesto de buena voluntad). Las Farc asesinan a sangre fría a quince soldados en Arauca (y se ganan una palmadita en la mano de la ONU: que no sean malos, que el derecho internacional humanitario). Las Farc, en un acto de torpeza sin precedentes en ninguna negociación que me venga a la cabeza, les echan el ojo a las protestas del Catatumbo y ofrecen de oficio sus armas a los que protestan (querían sin duda parecer solidarios, pero en cambio se vieron como mercenarios). Mientras todo eso ocurre, se adelantan las negociaciones en La Habana; y los que apoyamos el proceso de paz, si somos honestos, nos tenemos que preguntar todos los días por qué lo hacemos. Sé de muchos que tienen certidumbres invulnerables al respecto, y lo único que puedo decirles es esto: me dan envidia. Sé de otros que fingen tener certidumbres para quedar bien ante una u otra galería. Éstos, en cambio, me dan grima.

Así que vuelvo a preguntar: ¿por qué apoyar lo de La Habana? Las posibilidades son varias: por franco hartazgo y genuina compasión con las víctimas, o porque los 220.000

muertos que nos reveló el Centro de Memoria Histórica ponen los pelos de punta, o por el conocimiento histórico de que en ningún lugar del mundo se han terminado conflictos similares por vías distintas de la negociación, o por la conciencia inevitable de que los responsables del deterioro de esta guerra espantosa están a la derecha tanto como a la izquierda, o por la comprensión resignada de que la violencia se alimenta de violencia y de alguna manera hay que cortar el ciclo de la humillación, el resentimiento y la venganza, o por la convicción de que la paz traerá problemas, sí, pero que serán mejores que los problemas presentes. Yo sé de algunos que apoyan el proceso de paz sólo para que este país no vuelva a caer en los desmanes del uribismo, esa catástrofe moral de la cual todavía no nos reponemos (y, como están las cosas, esta razón es tan buena como cualquier otra). Sé de otros que apoyan el proceso de paz simplemente por no quedar del lado de los que lo atacan. Uribe, Ordóñez y las demás formas del fanatismo de extrema derecha me han parecido siempre responsables de los peores rasgos de este país, y los lectores de esta columna lo saben de sobra; pero decir lo que no se cree sólo para no estar en malas compañías es una de las peores formas de deshonestidad intelectual. La verdad es la verdad, decía el viejo Machado, dígala Agamenón o su porquero.

Y la verdad es simple como un anillo: el proceso de paz fracasará en la medida en que las Farc sigan generando sufrimiento mientras se llenan la boca con palabras como «democracia» o «justicia». ¿Están conscientes de eso quienes negocian en La Habana? No lo creo. Y los que apoyamos el proceso de paz comenzamos a temer que el de La Habana no sea, como son los procesos de paz, el aprendizaje del arte doloroso de tragar sapos, sino que acabe transformándose en el gran naufragio de una generación.

La guerrilla y la sociedad civil
El Espectador, 15 de agosto de 2013

Las Farc, entre cínicas e insolentes, nos cuentan desde La Habana que la democracia colombiana es defectuosa. No le descubren nada a la sociedad civil de este país, que todos los días se enfrenta con pies y manos, pero sin armas, a la corrupción, el clientelismo y las mafias. Bien al contrario, la incómoda verdad es que en las últimas cinco décadas, mientras la guerrilla llevaba a cabo su lucha violenta, ha sido la sociedad civil colombiana la que ha logrado las conquistas, los avances y, a veces, las meras resistencias que han impedido mayores desastres en nuestra imperfecta democracia. Un vocero de las Farc denunciaba hace poco las violaciones cometidas por las Fuerzas Armadas. Pero fue la sociedad civil —el periodismo, la opinión pública— la que sacó a la luz los falsos positivos y forzó la destitución de los culpables. Fue la sociedad civil y desarmada, y no las Farc, la que se enfrentó a los gobiernos que en los últimos años espiaron y amedrentaron con el pretexto de la seguridad. Fue la sociedad civil y desarmada y pacífica, y no las Farc, la que lideró los debates más notables sobre el modelo de país que queremos, desde la Séptima Papeleta hasta el hundimiento de la reforma de la justicia en 2012.

Mientras la sociedad civil ha dado esas batallas, ¿qué ha dejado la guerrilla? Un reguero de muertos o de supervivientes de vidas rotas a los que todavía no da la cara. Su absurda pretensión de impunidad, de pasar directamente del crimen de lesa humanidad a la curul privilegiada, es inaceptable y cobarde, y además puede muy bien lanzar al país a las manos de una derecha fanática y guerrerista. Esa derecha, opuesta a la derecha democrática que también existe aquí —aunque su voz resulte menos audible en medio del barullo de los fanáticos—, esa derecha defensora a muerte de un Estado inequitativo y cerrado, se ha alimentado políticamente de cada atrocidad que ha cometido la guerrilla y se sigue alimentando de cada pretensión irresponsable (es decir: reacia a reconocer su responsabilidad en el conflicto) que lanzan desde La Habana.

Los negociadores de las Farc se han quejado mucho de esta democracia, pero siguen negándose a incluir, en medio de tanta discusión sobre las estructuras de participación política, el reconocimiento de las víctimas. Uno de ellos hablaba esta semana de subir los impuestos a los latifundistas y así financiar un fondo de compensación de las desigualdades regionales; cuánto le gustaría a la sociedad civil oírle hablar, por ejemplo, de un fondo de reparación para las víctimas de minas antipersonales, o de secuestros, o de atentados con objetivos civiles. Pero no: lo que hay son desplantes. «De las víctimas se hablará en su debido momento», dijo (entre el cinismo y la insolencia) un negociador. Pero la sociedad civil sabe que la única manera de llegar a esa paz imperfecta y conflictiva que nos espera es hacer que el momento de las víctimas sea ya. A ver si todo este desgaste brutal que es el proceso de paz, que ha enfrentado y polarizado a los colombianos más que nunca, no termina siendo uno de esos fracasos que no sirven para nada. Pues puede ser que la sociedad civil no sepa a veces por qué apoya el proceso; pero cuando deje de hacerlo, señores de las Farc, tendrá muy claras las razones.

¿Qué sucede en La Habana?

El País Semanal, Madrid, 20 de octubre de 2013

«Nada está acordado hasta que todo esté acordado»: la frase recorre como un fantasma los diálogos que llevan a cabo, en La Habana, el Gobierno colombiano y la guerrilla de las Farc. Está en boca de los negociadores de ambas partes; está, sobre todo, al principio y al final del primer informe sobre el estado de la negociación, presentado a la (escéptica) sociedad colombiana el pasado 21 de junio. Se trata de un afanoso resumen de siete meses de conversaciones cuya conclusión molesta es evidente: todo va demasiado lento. Desde finales de 2012, cuando comenzaron los diálogos que buscan poner fin a uno de los conflictos más antiguos del mundo, las partes han llegado a acuerdos claros sobre, digamos, un punto y medio de los siete programados. El punto entero se refiere a la necesidad de llevar a cabo una ambiciosa transformación agraria —Reforma Rural Integral, la llama el acuerdo; o, con la pasión colombiana por las siglas, RRI— que devuelva la tierra a los campesinos despojados, la adjudique a los que nunca la han tenido y la expropie a los propietarios ilegítimos o a los latifundistas ociosos. El medio punto, aún más complejo, se refiere a la eventual participación política de las Farc. El asunto ha dividido y enfrentado a los colombianos, y aun ahora, cuando faltan todavía cinco puntos de la agenda, amenaza con convertirse en el gran obstáculo para la paz. Y por eso las partes dicen: «Nada está acordado hasta que todo esté acordado».

Lo cierto es que la relación de la opinión pública con el proceso está contaminada por décadas de sufrimiento. En julio, cuando el Centro de Memoria Histórica presentó el informe *¡Basta ya!*, muchos colombianos se asomaron por primera vez a la dura realidad de las cifras sobre nuestra violencia. En su medio siglo de existencia, esta guerra ha dejado 220.000 muertos, 180.000 de los cuales son civiles; ha producido 25.000 desapariciones forzadas, una cifra de horror que dobla las estadísticas conocidas de las dictaduras del Cono Sur; ha visto 27.000 secuestros, un crimen de lesa humanidad que se ha convertido en parte del paisaje colombiano y que las Farc, responsables de casi el noventa por ciento, han llevado a niveles impensables de crueldad. La revista *Semana* lo sintetizó así: «Los grupos armados —y las fuerzas oficiales— se especializaron en diversas formas de violencia degradada. En masacres, sevicia, asesinatos selectivos y desplazamiento masivo, entre otros, los paramilitares. En secuestro, ataques a poblaciones y bienes civiles, atentados terroristas y desplazamiento selectivo, las guerrillas. Y está presente la fuerza pública, con desapariciones forzadas, torturas, detenciones arbitrarias y ejecuciones extrajudiciales». El resultado es un país destrozado por el dolor, el miedo, el resentimiento, los ciclos de retaliación y el afán de venganza.

El informe de junio hacía ostentación del apoyo que cinco premios Nobel de la Paz han dado a los diálogos de La Habana. Hace días hablé con uno de ellos: el expresidente costarricense Óscar Arias, que lideró la firma de la paz en Centroamérica oponiéndose no sólo a los enemigos locales, sino al elaborado sistema de presiones y chantajes de la Guerra Fría. Ante mis preguntas, Arias se sorprendió de que los diálogos de La Habana se llevaran a cabo sin un alto al fuego: los combates siguen, la guerrilla sigue secuestrando, las masacres no han cesado. Me dijo también que es un error pensar que hay tiempo ilimitado para llegar a un acuerdo, pues la atención del mundo no dura para siempre, ni los recursos, ni la paciencia de todo un país que no se ha puesto de acuerdo. Y me pidió recordar que la paz, como había dicho en un discurso, «no es la obra de héroes ni titanes, sino de hombres y mujeres imperfectos, luchando en tiempos difíciles por un resultado incierto».

Otra forma de ver la constituyente
El Espectador, 3 de abril de 2014

Uribe quiere una constituyente. Las Farc quieren una constituyente. No es para sorprenderse: no seré el primero en notar lo mucho que se parecen. También se parecían mucho Uribe y Chávez, por supuesto; y se parecían, para empezar, en su desprecio por la Constitución. Ambos la reformaron en su propio provecho; y ambos lo hicieron comprando votos, aunque con distintas monedas de cambio. Ambos, además, modificaron una Constitución joven e inexperta, como echándole en cara el hecho de no haber adivinado que ellos vendrían a salvar sus países. Ahora Uribe quiere otra constituyente. También la quieren las Farc. ¿Qué significa eso?

Para efectos prácticos, la primera asamblea constituyente se formó en la Francia revolucionaria: se trataba de derribar todo un mundo y construir otro nuevo. Desde entonces, han echado mano del mecanismo los países nacientes, como las colonias de la América española, o los países revolucionarios, como el México de 1917 (con resultados relativamente loables) o la Venezuela de 1999 (con resultados relativamente lamentables). Lo que pasó en Colombia en 1991 no fue resultado ni del nacimiento de un nuevo mundo ni de la revolución, sino del desespero: el resultado, directo o indirecto, de siete años de guerra contra el cartel de Medellín más ciento cinco años bajo ese monumento a la mentalidad reaccionaria que fue la Constitución de 1886. La constituyente del 90 y la Constitución del 91 fueron el esfuerzo más grande que hemos hecho los colombianos por dejar de matarnos (o por no matarnos tanto) y por armar un país donde, en el papel, quepamos todos. No ha sido así, claro: las guerrillas y los paramilitares nos han ahogado en sangre desde entonces; la administración Uribe, la más corrupta y politiquera de la historia reciente, dio un nuevo significado a la palabra cinismo, y el fanatismo religioso está más campante que nunca en este triste país que se cree laico. Así que vuelvo y digo: las Farc y Uribe quieren que se forme una constituyente. Vuelvo y pregunto: ¿por qué?

Porque las Farc y Uribe comparten una cosa (comparten muchas cosas, pero sobre todo una cosa): la obsesión por echar abajo todo y comenzar de nuevo. Así funcionan las izquierdas y las derechas en los extremos. Para unos, se trata de hacer la revolución; para otros, de refundar la patria. El fondo es el mismo: la constituyente no es, como decía Petro, «el encuentro de los diferentes que se han vuelto enemigos», sino una apuesta más o menos ciega que hacen los enemigos para dominar el desencuentro. En momentos de pesimismo, la constituyente no me parece más que una encarnación socialmente respetable y aparentemente sensata del viejo anhelo de utopías: algo a lo que hay que tenerle mucho miedo. Detrás de las propuestas de constituyente —no siempre, pero sí en un momento como el actual— se agazapa un secreto deseo de hegemonía. Lo dicho: echarlo todo abajo y comenzar de nuevo. Pero la democracia que prefiero no va por ahí. La democracia que prefiero es la que corrige todos los días el rumbo con pequeños movimientos, con negociaciones diarias, con ese esfuerzo cotidiano por entender los objetivos del otro, aceptar que pueden ser justos y tratar de encontrar un camino medio. Lo cual, claro, es mucho más difícil.

El extraño caso del doctor Uribe
El País Semanal, Madrid, 21 de abril de 2014

Respondiendo a una pregunta de *Der Spiegel*, el expresidente colombiano Álvaro Uribe decía hace unas semanas: «Yo, que tengo mis defectos por mi carnita y mis huesitos, soy un hombre firme y no tramposo». Si usted no entiende del todo la frase, querido lector, no se preocupe: eso quiere decir que usted ha tenido la fortuna, la infinita fortuna, de mantenerse al margen de este personaje capaz de mezclar, en una misma respuesta, la cursilería hermética y el cinismo rampante. «Soy un hombre firme y no tramposo», dice Uribe, confiando sin duda en que su interlocutor ignore u olvide ciertos hechos. El hecho, por ejemplo, de que Uribe haya modificado la Constitución colombiana para permitir su propia reelección y los votos definitivos se hayan comprado con notarías. Uno de los votos comprados era el de la congresista Yidis Medina, y es por esto que el escándalo se llamó *yidispolítica*. Otro de los escándalos que han salpicado al expresidente está relacionado con los viejos vínculos de sus partidarios con el paramilitarismo: esto se ha llamado *parapolítica*. Puede que Uribe y yo no tengamos la misma definición de lo que es ser tramposo, pero nadie puede negar que su paso por el poder nos ha dejado un idioma enriquecido.

La administración de Uribe está rodeada de escándalos. En el momento en que escribo, un tribunal ha condenado a la nación colombiana por el espionaje de que fue objeto el presidente de la Corte Suprema de Justicia durante el uribismo: un gigantesco operativo de los servicios de inteligencia, cuyo objetivo era acabar con la reputación del magistrado. La inteligencia colombiana también espió ilegalmente a periodistas y a opositores, y la corrupción en sus filas llegó a ser tan generalizada que el organismo fue disuelto, como si se tratara de una pandilla de amotinados, por el presidente que relevó a Uribe. Hace unos días, *El País* publicó un informe detallado sobre los llamados falsos positivos, el caso aberrante de los soldados que, en palabras del artículo, «secuestraban a jóvenes para asesinarlos, luego los vestían como guerrilleros y así cobraban recompensas secretas del gobierno de Álvaro Uribe». Hoy día, varios de los aliados incondicionales de Uribe son prófugos de la justicia; otros muchos están en las cárceles colombianas, y es célebre el discurso que Uribe dirigió en 2007 a los congresistas que lo habían apoyado: «Les pido», dijo, «que mientras no estén en la cárcel, voten los proyectos del Gobierno».

Visto todo lo anterior, a cualquiera le resultaría difícil comprender la popularidad que sigue teniendo el expresidente. Pero hay una explicación: tras décadas de atrocidades cometidas por la guerrilla —décadas de terrorismo, secuestros de crueldad inverosímil y minas antipersonales—, los colombianos llegaron a estar muy dispuestos a cerrar los ojos ante los desmanes de Uribe, pues Uribe estaba haciendo retroceder a la guerrilla. Ahora, con una guerrilla debilitada que trata de negociar la paz con el gobierno de Santos en La Habana, Uribe nos ha dado una nueva razón para la perplejidad: acaba de ser elegido para el Senado colombiano. Se ha convertido así en el pionero de una nueva forma de obsesión por el poder, una suerte de síndrome que habrá de ser nombrado por los politólogos (o tal vez los patólogos). Para la opinión colombiana, tanto la que lo apoya como la que se le opone, sus intenciones son claras: sabotear el proceso de paz. Menos mal que es un hombre firme, que no es tramposo. A pesar de su carnita y sus huesitos.

Con estos amigos
El Espectador, 5 de junio de 2014

Colombia es hoy un triste país donde los valores de la izquierda se ven obligados a defenderse de la izquierda misma. La entrevista que Jorge Enrique Robledo dio en *El Espectador* es apenas un ejemplo reciente, pero no el peor ni el más lamentable. Ustedes conocen la idea central de la entrevista: como Uribe y Santos son lo mismo, da igual quién gane las próximas elecciones, y lo moralmente puro es el voto en blanco o la abstención. Yo hubiera pensado que un poco de sentido común —o una brújula moral más afinada— bastaría para comprobar que Uribe es el más radical enemigo de los valores que la izquierda llama suyos. Comencemos por el liberalismo filosófico que estuvo en la base de la izquierda en algún momento de la historia. Ya saben ustedes: había una vez una izquierda que defendía el Estado laico, los derechos civiles, las libertades individuales y la igualdad de los sexos. ¿De quién los defendía? De sus enemigos. ¿Adónde se ha ido esa izquierda?

El gobierno que llegaría al poder con Zuluaga es, para empezar, el de la intolerancia religiosa: el del procurador lefebvrista Ordóñez, el del fanático José Darío Salazar, el de las representantes que odian a los ateos, el que celebró los resultados de las elecciones pasadas en la Misión Carismática. Este posible gobierno es también el que no cree y nunca ha creído que espiar a los ciudadanos, por no hablar de los poderes del Estado, sea un delito. Este posible gobierno es amigo de la calumnia como estrategia: las acusaciones sin pruebas de Uribe contra Santos confirmaron del todo su reputación de inescrupuloso, tramposo y marrullero, y son muy inocentes los opositores que creen que no les pasará lo mismo. Este posible gobierno les declararía la guerra inmediatamente al derecho de las mujeres a abortar en ciertos casos, al matrimonio igualitario y a los proyectos de legalización de la droga. Las primeras dos políticas tienen que ver con los derechos civiles de una sociedad que quiere ser abierta o no generar más sufrimiento del necesario; la tercera política tiene que ver con la evidencia, cada día más notoria, de que la guerra contra las drogas es un fracaso monumental, y los dinerales inverosímiles que se gastan en ella estarían mejor invertidos en prevención, educación y tratamiento. Nada de esto les importa a Robledo y a los suyos.

La derecha que hoy representan Uribe y Zuluaga es la del autoritarismo, el desprecio de la Constitución y de la ley, el caudillismo y la cultura del miedo, por no hablar de la corrupción probada y del apoyo del fascismo colombiano. Pero a Robledo no le parece que debamos, los que queremos una sociedad más abierta y tolerante, oponernos a ellos: porque Uribe y Santos son lo mismo. Le preguntan a Robledo por el proceso de paz, y su respuesta es: «Incluso ganando Santos, ¿quién nos garantiza que será exitoso?». No recuerdo tanto sectarismo y tanta miopía en ninguna izquierda democrática que haya conocido: a Robledo le parecen iguales un presidente que le ha dedicado tres años al proceso de paz y un candidato que ha prometido pararlo (o intentado sabotearlo). «¿Usted cree que el país irá en la misma dirección con el uno o con el otro?», le preguntan. Y contesta:

«En los términos fundamentales estoy absolutamente seguro».

Debe ser que no tenemos la misma idea de lo que es fundamental.

La tarea de los negociadores
El Espectador, 26 de junio de 2014

El nuestro sigue siendo un país donde, como dice el narrador de una novela, se premia la mediocridad y se asesina la excelencia. También podría haber ido más allá: se premia la mentira, se premia la calumnia, se premia la trampa. Para la muestra, los millones de votos obtenidos por el expresidente del «todo vale». Ya a todos se nos olvidaron las acusaciones sin prueba con que Uribe logró ensuciar las elecciones y a sus contendores (aquí se premia la calumnia), y mañana se nos habrá olvidado que un funcionario limpio y honesto se tuvo que ir de su cargo porque lo amenazaron de muerte: aquí se asesina la excelencia. Óscar Iván Zuluaga hizo una campaña oscura, a punta de engaños y rayana en la ilegalidad, pero eso ya se nos olvidó también: ahora nos parece todo un caballero, pues estuvo dispuesto a aceptar una derrota (en las elecciones democráticas más pacíficas y vigiladas de la historia reciente). Tan mal estarán las cosas que eso es una virtud.

Mientras tanto, los negociadores del Gobierno en La Habana se enfrentan a la tarea más difícil y también más ingrata que ha tenido político alguno en mucho tiempo. Su tarea es difícil por varias razones. La primera es la cantidad de saboteadores que deben esquivar. Los trinos insensatos de Uribe no son los únicos: como en tantas otras cosas, las Farc y él se echan una mano. Cada vez que puede, la guerrilla le recuerda al país entero por qué la desprecia con un desprecio unánime; y así, el grupo de Humberto de la Calle tiene que enfrentarse también a la brutalidad y el cinismo con que las Farc desbaratan cada paso adelante que se da. La segunda razón es fácil de identificar pero casi imposible de resolver: los problemas de comunicación. Los negociadores del Gobierno saben que no han sido demasiado afortunados a la hora de comunicar a la opinión pública —a esa masa informe y caprichosa que llamamos opinión pública— los logros de la mesa. Pero también saben que una comunicación exitosa resulta virtualmente imposible en un país donde el ciudadano es, casi por principio, perezoso, supersticioso y poco informado.

Lo que quiero decir es que en este país es mucho más fácil desinformar en ciento cuarenta caracteres que informar en dos párrafos, por no decir en varias páginas. Es más fácil y más eficaz, y contra eso no hay remedio: porque el ciudadano es perezoso, y como es perezoso está poco informado, y como está poco informado recurre a la superstición. El equipo negociador ha venido mandando al mundo esos cuadernillos que ustedes tal vez recuerdan, en donde se detalla en decenas de páginas a doble columna el desarrollo de la mesa de conversaciones; durante la última campaña, me entretuve constatando que ninguno de mis conocidos zuluaguistas los había leído, y en cambio todos podían repetir (y creer sin el más mínimo cuestionamiento) las calumnias, las mentiras, las simplificaciones groseras y las distorsiones deliberadas que ha perpetrado el twitter de Uribe.

El equipo de Humberto de la Calle se ha enfrentado a enemigos sin cuento y sigue adelante con una sensatez y una prudencia que no son frecuentes en la política colombiana. Se están jugando mucho en sus vidas privadas y públicas. A veces se me ocurre que podríamos manifestarles nuestro respeto.

El país que imaginamos y temimos
El País, Madrid, 21 de julio de 2014

Hace unas semanas, cuando el presidente Juan Manuel Santos fue reelegido, una opinión casi unánime se instaló entre los votantes colombianos: los votos decisivos no los habían puesto quienes lo querían a él de presidente, sino quienes no querían al otro. En otras palabras, una parte considerable y definitiva de quienes eligieron a Santos no votaron por él, sino contra Álvaro Uribe: el expresidente que lideró el gobierno más corrupto de la historia reciente, y que en estas elecciones pasadas, como un reyezuelo depuesto, creó un candidato-títere al que manejó a su antojo y mediante el cual quiso mantenerse en el poder. La popularidad de Uribe ha sido uno de los grandes fenómenos de la política colombiana, y por eso no dejó de sorprender a muchos la derrota de su títere. ¿Por qué perdió las elecciones? ¿Contra qué votaron los que votaron por Santos? Yo tengo para mí que hicieron un ejercicio muy parecido a la ciencia ficción: imaginar el país que tendrían si el uribismo llegara de nuevo al poder.

Imaginaron un país donde todos podemos ser víctimas de espionaje o interceptaciones ilegales. Ha sido una práctica corriente del uribismo, durante cuyo gobierno los organismos de inteligencia intervinieron constantemente los teléfonos de los periodistas de la oposición y, en casos sonados, de los magistrados de la Corte Suprema de Justicia. Por no perder la costumbre, el candidato uribista de estas elecciones fue sorprendido en reuniones con un *hacker* profesional que se dedicaba a intervenir las comunicaciones del presidente de la República y de los negociadores presentes en La Habana. Su objetivo, por supuesto, era sabotear los diálogos de paz entre el Gobierno y la guerrilla de las Farc con campañas de calumnias, desinformación y mentiras. Eso habrán imaginado los votantes: un país cuyos organismos de inteligencia se comportarían, en la práctica, como los de un Estado totalitario.

Imaginaron un país donde la separación entre Iglesia y Estado se ha esfumado como por arte de magia. El uribismo nunca ha ocultado la profunda antipatía que le causa el Estado laico, pero la última campaña fue célebre por los trinos de una diputada uribista. Tras la primera vuelta de las elecciones, en la cual su candidato logró una victoria temporal frente a Santos, esta diputada lanzó un trino que pasará a la historia tanto por su retórica macartista como por sus problemas de redacción y ortografía: «Agradecemos a Dios todopoderoso, al pueblo colombiano, y al expresidente Uribe por no dejar caer la Patria en manos del comunismo ateo. Amen». Por supuesto, ésta fue la misma diputada que se alegró tras la muerte de García Márquez, diciendo que ahora él y Fidel Castro estarían en el infierno.

Imaginaron, finalmente, a un presidente cuyo primer acto oficial es patear la mesa de negociaciones de La Habana. Los diálogos de paz han sido el enemigo número uno de Uribe, y su candidato-títere prometió acabar con ellos tan pronto llegara al poder. (En el momento más bajo de su campaña, en un incomprensible ataque de personalidad, cambió brevemente de opinión: dijo que los continuaría. Pero sólo consiguió indignar a los propios y hacer que los ajenos desconfiaran aún más de su carácter).

Esos votantes imaginaron un país que tira por la borda la oportunidad histórica de acabar con cincuenta años de guerra: un país que no tiene ni la madurez, ni la generosidad, ni el buen juicio de darle una oportunidad a la paz.

Imagino que eso habrán imaginado. Imagino que habrán tenido miedo.

Conversación con Humberto de la Calle
El Tiempo, 22 de agosto de 2016

En septiembre de 2012, usted se despedía de su columna en *El Espectador* hablando sobre el proceso que apenas comenzaba. Decía: «Es recomendable mantener la templanza, controlar el desbordado apetito hacia una solución mágica y fomentar una cierta dosis de escepticismo, que es una sana coraza contra la volatilidad de la opinión». ¿Cómo ha visto al país, y a la opinión pública, cambiar en estos cuatro años?

Sigo siendo un defensor del escepticismo, que es la base más firme del realismo. Hacerse ilusiones con una guerrilla tan curtida es una necedad: yo comparto aquello de que un pesimista es un optimista mejor informado. Lo que decía en ese momento me sigue pareciendo válido, pero ha habido un cambio y mi escepticismo ha ido declinando. Claro, nunca puede uno garantizar que vaya a haber un acuerdo. Primero, porque faltan muchos temas; segundo, porque muchas veces las conversaciones de este tipo se dañan por sucesos externos. En Caracas, en 1991, por el atentado al presidente del Senado, y luego en Tlaxcala, por el secuestro y la negociación sobre el cadáver de Argelino Durán. Siempre podrán ocurrir cosas. Pero lo que sí creo hoy es que las Farc quieren un acuerdo, a pesar de que tienen mucho miedo de dar los pasos finales. Y segundo, creo que es muy posible que lo logremos. Las Farc pueden haber comenzado este proceso simplemente para otear el panorama; hoy están francamente metidas en la decisión de terminar con el conflicto.

¿Y la opinión pública?
Primero hubo una oposición difusa al proceso, más bien inmersa en una nata de escepticismo: «Esa vaina no va a funcionar, esos tipos son unos tramposos...». Con las elecciones, la oposición se organiza, y ése es un cambio muy importante. El tema no es Álvaro Uribe solamente, porque él representa a muchos colombianos; pero ahora que tiene una organización en el Congreso, Uribe tiene más capacidad de oponerse. Y luego han aparecido sectores extremistas de una oposición que utiliza el método trágico de las redes sociales a base de mentiras y calumnias. Pero yo tengo la sensación de que el último acuerdo ha producido una oleada de esperanza. Cada vez hay más gente que piensa que esto puede ser posible.

El problema aquí es que las mentiras de la oposición, por más absurdas y descabelladas que sean, van sobreviviendo: se meten en la cabeza de la gente y no hay argumento que las saque de ahí. Digo absurdas: eso de que los guerrilleros van a recibir un sueldo de un millón seiscientos mil pesos. O descabelladas: que se está negociando el modelo económico del Estado. O ambas cosas: que se está llevando el país al «castrochavismo». Ni siquiera los que lo repiten saben qué puede ser eso, pero lo creen. ¿Cómo se puede luchar contra esto?
Digamos para empezar una cosa: es muy posible que nosotros lo hayamos hecho mal. Se ha dicho que las comunicaciones han sido un problema del Gobierno, y puede ser. Al principio se partió de una idea: las conversaciones serían breves, versarían sobre una agenda precisa y

serían confidenciales (entendiendo que habría rápidamente un acuerdo y en ese momento se haría la comunicación y la pedagogía). Lo que ha pasado es: conversaciones largas y, al principio, abuso de los medios por parte de las Farc, que utilizaban la mesa para decir todo lo que en ocho años no habían podido decir. Eso empezó a generar mucho desconcierto. Nosotros nos manteníamos en la idea de la confidencialidad, la seriedad de la mesa... Yo pensaba siempre: si digo que no a algo, afecto la mesa; si digo que sí, me comprometo. Me tomaba la cosa muy en serio. Ellos, en cambio, podían decir que sí primero y que no después, y no pasaba nada. El resultado fue que nosotros, el Gobierno, quedamos presos en nuestro silencio.

Y esos vacíos los llenó la oposición con mentiras.
Exacto. Pero es que tampoco nos las tomábamos en serio. Lo del castrochavismo a mí me parecía un chiste: decir que Santos o yo mismo somos «castrochavistas» era algo tan absurdo que parecía que no valía la pena tomárselo en serio. La palabra no quiere decir nada. Pero tal vez por eso pegó, y después vi que se iba quedando. Son eslóganes que, a fuerza de repetirse, van generando un problema.

En los años cuarenta, Laureano Gómez cuestionó las elecciones soltando una acusación sin pruebas: que los liberales habían fabricado un millón ochocientas mil cédulas. Nunca presentó las pruebas, pero lo repitió día tras día, de viva voz o desde su periódico. A los ciudadanos se les fue quedando la mentira, a pesar de que nunca hubiera pruebas, y en esas calumnias se sembró una de las semillas de la violencia.
No se sabe cuál mentira es más grotesca. El señor procurador sacó hace unas semanas un comunicado contra el

acuerdo de cese al fuego. Dijo que la mitad de las Farc, que estaba compuesta por milicias, no iba a entregar las armas. Es algo que no es una opinión, ni un mal entendimiento, ni una frase equívoca. Simplemente no es cierto, y eso preocupa mucho. Otro ejemplo: cuando se habló de un Ministerio de Seguridad separado del de Defensa, se dijo que eso era para que Iván Márquez fuera el comandante de la policía. Así ha sido con todo. Y eso hace daño, como usted lo acaba de decir. El antídoto es muy difícil, porque uno trata de combatir las mentiras y lo único que hace es darles más vida.

Hace unas semanas, *La Silla Vacía* evaluó los veintitrés puntos más importantes de la negociación, y llegó a la conclusión de que las Farc cedieron mucho más que el Gobierno. ¿Usted tiene esa percepción?

Yo creo que sí, pero hay que señalar algo por lealtad con la mesa. La técnica de las Farc era la de las famosas «cien propuestas mínimas»: es la negociación a la colombiana, que implica comenzar pidiendo muy alto para luego bajar. Nosotros nos hicimos desde el principio el propósito de no negociar así: lo que llevábamos a la mesa era casi la posición final. Ellos sí cedieron, pero en parte fue por haber comenzado pidiendo mucho. Sí creo, de todas formas, que han cambiado en muchas cosas. Al principio de las negociaciones, un latifundista era para ellos un ser abyecto por definición, moralmente condenable. A lo cual nosotros respondíamos: el latifundismo no es el problema; el problema es de acceso a las tierras. En la agricultura de hoy no sólo no es pecado tener grandes extensiones, sino que es necesario en términos de productividad. Si usted se va al Cauca, hay un problema de microfundios: muchas familias no pueden vivir con la cantidad de tierra que tienen.

Ahí hay un problema de acceso a las tierras. Lo que se hizo fue pactar para solucionar eso. Pero la reprobación del latifundio desapareció, no necesariamente del ideario de las Farc, pero sí de las negociaciones.

Otro ejemplo: la formalización de la propiedad la entendemos nosotros como una manera de solucionar el problema del acceso. Alrededor del 46 % de los predios en Colombia no tienen títulos. Para nosotros, formalizar era una manera de acceder, porque quien no tiene títulos ni siquiera tiene acceso al crédito de un banco. Las Farc alegaban al principio que la formalización es una trampa. Así lo dijo Márquez en Oslo: que nosotros queríamos darle títulos al campesino para que luego las multinacionales vinieran a despojarlo. Con el paso de las negociaciones se dieron cuenta de que la formalización era una manera de lograr el acceso a la tierra. Y aceptaron ese punto.

Quisiera que nos metiéramos en el asunto de la justicia. Las Farc han causado mucho sufrimiento en Colombia, y el tema de los mecanismos de sanción es, para muchos, la principal fuente de inconformidad.

Nosotros cedimos en esto: la tesis de la cárcel resultó inviable. O más bien se convirtió en privación para los que no reconozcan responsabilidad y no se sometan a la justicia transicional, pero sanciones efectivas para los demás. Sin embargo, también las Farc cedieron. Su postura inicial era la de amnistía general e incondicional, y finalmente aceptaron que los delitos internacionales, los delitos más graves, no serán amnistiados.

Déjeme que lo diga bien claro: esto es inédito. La frase aquella de que «por primera vez en la historia...». Bueno, eso me parece muy pedante. Pero un caso como éste, una conversación sobre un conflicto en la cual una guerrilla dice que sí, que los responsables de crímenes internacionales deben responder, así sea a través de justicia transicional..., eso es único. Claro: eso sucede siempre y cuando respondan también los agentes del Estado y los terceros. Francamente, yo creo que esto no tiene antecedentes. En otros procesos, los tribunales de justicia han sido producto de una de dos cosas: o de exigencias externas a veces por imposición de Naciones Unidas o de acciones *ex post facto*. Mire los casos de Yugoeslavia, Sierra Leona, otros. Aquí lo que habrá es un tribunal pactado, y las dos partes aceptan que los responsables de los crímenes más graves deben responder.

¿Cómo será la situación de los militares ante esa misma justicia transicional? ¿Hay una equivalencia? ¿Se beneficiarán también de la justicia transicional?

Si éste es el fin del conflicto, deben hacer presencia en la justicia especial todos los actores. Entiéndase: los agentes del Estado y los terceros. También ellos se beneficiarán de esta justicia, porque de lo contrario no sería el fin. Recibimos críticas por eso: nos dijeron que nos habíamos excedido porque la conversación con las Farc era sólo con ellas, y no se podía meter a los demás. Pero si pretendemos que éste sea el fin del conflicto, que aquí haya una especie de cosa juzgada universal, hay que incluir todas las causas y brindar seguridad jurídica a todos.

De manera que las sanciones de todos los actores son sensiblemente iguales, aun cuando pueda haber particularidades diferentes. Por ejemplo, las sanciones para las Farc se visibilizan más fácilmente: ir a desminar, contribuir a la sustitución de cultivos, reparar escuelas, poblaciones, vías, infraestructura... Y es más difícil visualizar eso en el caso de los militares. Incluso algunos militares piensan que les vendría mejor un régimen intramural, siempre y cuando fuera en guarniciones militares, en lugar de ir a reparar una escuela que ellos no dañaron. Es decir que en la práctica habrá alguna diferencia, pero el régimen para los tres es equivalente. Se trata de ir a la Comisión de la Verdad, asumir la responsabilidad, comprometerse con la reparación y luego recibir, en el caso de los delitos graves, la sanción que resulte de este sistema transicional.

Y en cuanto a los responsables de crímenes susceptibles de amnistía, la equivalencia funciona de otra manera: consiste en decir que a los miembros de las Farc se les aplicará la amnistía —lo que establece el protocolo II de Ginebra— y a los militares se les hace una cesación de procedimiento y un archivo de sus causas. No amnistía, porque en Colombia sólo tienen amnistía los delitos políticos. Pero el resultado es equivalente.

Para efectos prácticos, ¿qué se considera reparación? Con quien no se avenga a reparar, me imagino yo, debe actuarse de manera muy estricta.

En materia de reparación hay varias instancias.

Primero: el acuerdo dice literalmente que el responsable tiene que acudir a la reparación material. Nosotros dejamos una constancia según la cual reparación *material* es reparación *patrimonial.*

Segundo: la reparación resulta de la aplicación de la jurisdicción. El tribunal especial de paz, si condena a una persona a las sanciones restrictivas, tiene que obligarla a reparar.

Tercero: los instrumentos con que cuenta el Estado para recuperar bienes adquiridos de manera ilícita no salen debilitados. No van a ser anulados por la amnistía, de manera que el Estado siempre va a continuar persiguiendo los bienes de las Farc.

Cuarto: desde el punto de vista del Estado —y esto es algo que tampoco había ocurrido en otros procesos—, la obligación solidaria de atender a las víctimas viene ejecutándose ya, aun antes del fin del conflicto. En general, estos procesos de reparación ocurren después del fin del conflicto. El Estado colombiano se adelantó y lleva varios años satisfaciendo los intereses de las víctimas y garantizando sus derechos. Siempre hay carencias, claro, porque son programas extraordinariamente costosos. Pero hay que resaltar que el Estado ha asumido un deber de reparación por la vía administrativa.

Digamos que hay un concepto distinto de pena: la pena meramente retributiva, casi vengadora, cede el paso a un gran contenido de reparación. Pero para nosotros eso no es suficiente con las acciones: creemos que las Farc deben también responderles a sus víctimas con valores económicos.

Éste es otro punto que preocupa a la gente: la plata de las Farc. No puede ser que el producto de actividades delictivas vaya a ser ahora su fuente de financiación política.

Sí. Muchos han dicho, y con razón, que esto no puede ser una operación gigantesca de lavado de activos. El problema empírico es cómo encontrar esa plata. El presidente ha dicho que lleva muchos años buscando las famosas cuentas de las Farc en Suiza y no las ha encontrado, y el suyo es un testimonio válido: fue ministro de Defensa, contribuyó a crear esa Unidad de Inteligencia Financiera que es modelo en el mundo... Y ellos no han encontrado esa plata. Lo que se dice más bien es que las Farc tienen fundamentalmente bienes inmuebles, y ahí surge un problema: ellos mismos niegan tener fincas. Dicen que lo que han hecho son reformas agrarias, de manera que lo que hay en esas tierras no son miembros de las Farc sino campesinos. Esto es el elemento empírico. Pero el elemento de principios sigue ahí: todo lo relativo a extinción del dominio y recuperación de bienes adquiridos de manera ilícita queda intacto.

Quiero hacer hincapié en el gran logro que es el cronograma de la entrega de armas. En Irlanda del Norte, por decir algo, la entrega se tardó de siete a trece años, según quien la cuente. Ustedes lo harán, si todo sale bien, en 180 días. ¿Por qué es tan especial esto que lograron ustedes?

Esto arranca de un problema semántico, como tantas cosas en Colombia. Se habló de *dejación* de armas y saltaron los opositores a decir que claro, eso quiere decir que no las van a *entregar*. Esto me parece una discusión bizantina. Lo que está claro es que las Farc dejan las armas —dicho sea de paso, la palabra *dejación* no la hemos encontrado en ningún diccionario de la lengua castellana, aunque se usa en la ley colombiana—, pero no se las entregan directamente al Estado, sino a las Naciones Unidas. Las Farc quieren dedicar algunas armas a algunos monumentos, siempre y cuando eso se convenga con el Estado: en ese momento, el Gobierno dirá que deben ser monumentos a la paz, no a la memoria de la guerra. El propósito es que a los 180 días no haya armas en poder de las Farc y se elimine la vieja práctica, tan nociva, de mezclar política y armas. Para lograr eso, las Naciones Unidas tendrán sus estándares y los aplicarán. Éste es el primer logro.

El segundo es que para conseguir eso, las Farc aceptan moverse hacia unas zonas veredales donde ocurrirá la dejación. Esto es muy importante: como las Farc no son la única fuente de violencia en Colombia, el monitoreo estaría a cargo de un mecanismo tripartito dirigido por Naciones Unidas. Esto sólo puede ser práctico y eficaz si las Farc están ahí, en las zonas veredales. En el pasado se cometió un error: se declaró una tregua *in situ* con una comisión de verificación de civiles. Eso no podía funcionar bien, porque las Farc continuaban en sus lugares; y en esos lugares había otros actores de violencia, con lo cual se producían rápidamente hechos violentos y comenzaba una discusión sobre quién hizo qué. Aquí el logro es que las Farc transiten hacia un lugar donde existe un mecanismo de seguridad controlado por Naciones Unidas. Eso les permite a las Naciones Unidas decir que si hay un hecho violento en Caparrapí, por ejemplo, no puede involucrar a alguien de las Farc porque ellos están bajo vigilancia.

Tercero: las armas se colocan en un contenedor que tiene una única llave, y esa llave está en poder de Naciones Unidas. Esto es diferente, por ejemplo, de lo que pasaba en la guerra civil de Nepal, donde había varias llaves, con los consiguientes problemas. A los 180 días, Naciones Unidas agarra el contenedor entero y se lo lleva.

De manera que sí: se le concede a la oposición que no va a haber fotos de Iván Márquez entregando las armas arrodillado. Pero por lo demás, me parece indiscutible que el proceso es transparente. Ahora bien, en esta conversación hay discusiones racionales pero también temores y emociones negativas. Yo he leído que todo esto es una tontería porque las Farc no van a entregar todo, que van a entregar escopetas de fisto y a conservar las verdaderas armas. Pero no: el proceso de dejación está precedido por un proceso de inventario e identificación de cada arma, de manera que Naciones Unidas no pueda sufrir engaños. El mecanismo es muy completo.

Parte de la satisfacción que dejan estos acuerdos está en la entrada finalmente de Colombia al siglo xxi. Los acuerdos de Esquipulas, que terminaron el conflicto centroamericano, son de los años ochenta; la paz en Nepal se firmó hace diez años. Nosotros éramos el último coletazo de la Guerra Fría. ¿Cuáles son las consecuencias para el país de entrar finalmente en esta modernidad?

Estoy totalmente de acuerdo. En algún momento escribí que las Farc eran una excrecencia del pasado. Primero, por la estructura ideológica, que es absolutamente anacrónica, y además se ha comprobado en la práctica que es ineficaz para mejorar las condiciones de una comunidad. En segundo lugar, porque esto arranca de un conflicto rural y de una actitud llamada de autodefensa frente a lo que ellos consideran los desmanes de la oligarquía: el cuento de las gallinas y los marranos de Marulanda. Es decir, todo con un marcado acento rural. ¿Por qué es una excrecencia del pasado? Porque ahora, en el punto de Reforma Rural Integral, no se trata de la típica reforma agraria con expropiaciones sin indemnización o con indemnizaciones a veinte años y con bajos intereses. Realmente el fondo de tierras se compone principalmente con tierras que hayan estado en manos ilegales, y en el caso de que haya que adquirir tierra de particulares, eso se hace comprando.

La visión de las Farc no es válida en términos de la explotación moderna del campo, menos de cara a un momento de escasez mundial de alimentos. La FAO ha dicho que Colombia, sin conflicto, podría producir 700.000 toneladas anuales más de alimento para un mundo en escasez.

Esto, unido a lo que ellos llaman el «centralismo democrático», que no es más que la aplicación del leninismo en la toma de decisiones, hace que sean una cosa del pasado. También el uso de la violencia para hacer política ha convertido a las Farc en una carga retardataria. En la práctica ha sido una fuerza conservadora. La izquierda sabe que hoy hay más posibilidad de éxito dentro del ejercicio democrático.

Yo comparto con usted que esto era lo que se nos había quedado de siglos anteriores, como ese vagón que se queda en el proceso de ir hacia delante. Este proceso liquida una fase anacrónica y superada en todas partes.

Ahora bien, ¿qué sigue? Yo no creo que siga una ausencia de conflicto. Es un error de cierta clase dirigente creer que conflicto es igual a Farc: si se suprime a las Farc, se suprime el conflicto. No es así. Las Farc ingresarán sin armas a la política, pero con ellas o sin ellas hay elementos de conflicto en una sociedad tan desigual. El paso a la modernidad es que podamos administrar esos conflictos en democracia, de manera razonable, con canales de diálogo, sin necesidad de acudir a la fuerza. Si lo logramos, si desaparecen las armas en manos de las Farc (y del ELN, si finalmente se deciden), tendremos una sociedad en conflicto y con enormes diferencias, pero las superaremos a través de herramientas democráticas y no violentas. Por eso pienso que la política después del acuerdo va a ser más ideológica y aún más radical. Pero eso puede producir un fenómeno interesante: va a ingresar una fuerza radical que es un desafío para los partidos tradicionales, porque la respuesta de éstos ya no va a poder ser el clientelismo. Van a tener que preguntarse cómo ganarles a las Farc en democracia, y eso va a exigirles soluciones de verdad para la gente.

Mucha gente cree que este acuerdo es más generoso que otros con quienes han cometido crímenes en el marco del conflicto. ¿Es eso cierto? ¿En qué se diferencia este acuerdo de otros casos similares?

Miremos la historia reciente de Colombia. En el 57 tienen lugar los pactos de Sitges y Benidorm, con Laureano Gómez y Alberto Lleras; se da comienzo al Frente Nacional y se hace el plebiscito del 57. El plebiscito fue un gran hecho: la mayor participación en las urnas de la historia colombiana. Gana el Sí de manera arrolladora y se establece la paz entre liberales y conservadores. Pero nunca se habló de víctimas, y los esfuerzos por devolver las tierras a los campesinos fueron infructuosos. Se estableció la paz efectiva; luego, claro, esa paz se ve empañada porque surge un nuevo tipo de violencia, ya en el marco de la Guerra Fría. Luego, en el 91, se hizo la paz con cuatro grupos, entre ellos el M-19. Pero realmente lo que hubo fue una amnistía general, aunque se excluyeron unos delitos que en esa época se llamaban «de ferocidad y barbarie». Y no hubo ninguna reparación a las víctimas.

Hoy lo que tenemos es muy distinto. No hay amnistía general, pues los delitos graves van a ser juzgados, e incluso los delitos que sí se amnistían exigen una carga: verdad y reparación. Y las víctimas están en el centro del proceso. Algunos dicen que esto es retórico, pero no: todo el edificio del punto de justicia gira alrededor de garantizar ese trípode clásico de derechos: verdad, justicia y reparación. Las garantías de no repetición son el acuerdo mismo.

Así que ya ve: tanto desde el punto de vista de la justicia como del de la protección de las víctimas, es un acuerdo mucho más exigente que todos los demás que se han hecho en Colombia. Y frente a otros procesos, también: en El Salvador simplemente se hicieron unas reformas y se dobló la página; en Guatemala, donde hubo un referendo con muy escasa participación y en el cual ganó el No, se hicieron los acuerdos, pero son mucho más débiles que los nuestros en materia de justicia. En Sudáfrica, la aplicación de las amnistías la hacía una Comisión de la Verdad de forma extrajudicial, de manera que no hubo realmente una respuesta judicial. Así que este acuerdo es más duro y al mismo tiempo cumple con los estándares del Estatuto de Roma, porque lo que se va a hacer es aplicar justicia, no pretermitirla.

Usted estaba sentado en la mesa de Caracas en el 91, cuando Alfonso Cano dijo: «Esta negociación habría podido iniciarse hace cinco mil muertos». Esas negociaciones fracasaron por culpa de las Farc. Pero ahora, desde el cese al fuego unilateral de hace un año, el país vive una nueva realidad. ¿Cuántos muertos nos hemos ahorrado en estos meses? ¿Eso se puede medir?

Comencemos por decir lo siguiente: los tres meses siguientes al decreto de cese unilateral, certificados por Cerac, una entidad independiente del Gobierno, han sido los tres meses más pacíficos desde el comienzo de la confrontación. Luego ha habido incidentes, particularmente unos casos de francotiradores; pero el nivel de victimización se ha rebajado prácticamente a cero en términos de vidas humanas. En términos de preservación de la infraestructura no hay ninguna duda: en diciembre, cuando se rompió el primer cese unilateral, hubo un clamor de la industria petrolera y minera que pedía volver a como estábamos. Me pregunta si se pueden medir estas cosas. Las víctimas del conflicto ya casi llegan a siete millones. Entre ellas, más de 220.000 muertos, 80 % de los cuales han sido civiles. Durante los años 2013 y 2014 murieron o fueron heridos casi

1.000 miembros de la fuerza pública. Pues mire: esa cifra no llega a la decena durante los meses de cese al fuego. Así que puede decirse que 500 soldados y policías han salvado sus vidas en el último año.

En la práctica, estamos en una situación en la que, lamentablemente, persisten la extorsión y el narcotráfico. Pero recordemos que en el acuerdo del cese del fuego cada palabra pesa: hablamos de *cese del fuego y de hostilidades bilateral y definitivo*. Por hostilidades, ambas partes entendemos que, en el momento en que se cristalice, cesan la extorsión y el narcotráfico. Eso implica implementar los mecanismos de reincorporación de las Farc que les permitan apartarse de esas actividades.

La violencia tiene sus propias inercias, y son ellas las que han causado el fracaso de las negociaciones anteriores. ¿Tienen previstos mecanismos concretos para evitar esos riesgos?

Me parece importantísimo lo que dice, porque éste es un punto crítico. Lo que no puede pasar, cuando las Farc se trasladen a las zonas veredales, es que esos vacíos los copen las bacrim. Hay primero una cuestión militar: la manera en que el ejército se está preparando para copar esos espacios. En segundo lugar, las propias Farc han dicho que van a romper sus vínculos con el narcotráfico y a cooperar con el Estado en la superación del problema: el que no entre en el acuerdo queda convertido en un delincuente común. Es una especie de anuencia anticipada de su parte: el que se salga de la línea tiene que sufrir el rigor de la ley. Y la ley la va a aplicar un Estado que va a ser más fuerte, pues los recursos presupuestales y humanos dedicados a combatir a las Farc pueden emplearse contra el crimen. Y yo pienso que eso, por contera, mejoraría la seguridad urbana. Es muy habitual que el habitante de la ciudad vea lo de las Farc como algo remoto, porque lo que a él le pasa es que a sus hijos los atracan por robarles un celular. Pero es posible que las dos cosas estén conectadas: el que atraca para robar un celular es, a su vez, hijo de un desplazado que vive en un cinturón de miseria.

En estos días salió en *El Espectador* un estudio que pasó tristemente desapercibido. Para mí, tiene una relación directa con el proceso de paz. El estudio concluía que Colombia es un país enfermo: hay varias generaciones que han crecido en el estrés postraumático, en la dificultad de aprendizaje, en la carencia de sueño, y todo como resultado de la guerra. Las consecuencias de esa situación son gravísimas, pero no se pueden ver ni medir.

Yo estuve hablando con unos psiquiatras que me decían lo siguiente: lo normal, después de casi cincuenta años, es la violencia; casi todo el que esté vivo en Colombia, hoy, ha vivido la violencia. De mi generación para adelante, todos: yo tengo recuerdos de mis seis años de edad que son ya recuerdos de violencia. Y como estos paradigmas se instalan en el disco duro, son muy difíciles de erradicar: la violencia es un modo de vida. Y lo que pasa es que cambiar ese modo de vida, dar el salto hacia una vida desconocida, es algo que produce pánico. Es el temor al cambio, la pregunta de qué pasará después. Por muy dolorosa que sea una situación, la gente se acostumbra.

Es la idea de que es mejor una guerra conocida que una paz por conocer. Y más cuando esa guerra les pasa a otros.

Exacto.

Con este proceso sucede algo de lo que he hablado ya varias veces. Yo creo que lo que se está haciendo en La Habana, aunque nadie lo haya dicho, es negociar también un relato: una versión de los últimos cincuenta años en la cual nos podamos reconocer todos. Los últimos cincuenta años son unos si los cuenta la guerrilla, otros si los cuenta la sociedad civil, otros si los cuenta el Gobierno, otros si los cuenta la oposición...

Eso es miel para mis oídos. Cuando se pactó la Comisión de la Verdad vinieron las críticas que decían que desde allí se iba a imponer la verdad oficial. Y yo decía que es exactamente lo contrario. Hay una fábula hindú sobre once ciegos a los que ponen frente a un elefante y les piden definirlo. Uno dice: un elefante es una cosa puntiaguda de marfil. Otro dice: un elefante es un tubo de piel que se mueve. Otros dicen otras cosas. Y todos tienen razón.

Yo tengo por ahí escrito un artículo que no he querido publicar, en el que digo que el problema no es la Comisión de la Verdad, sino la verdad en el sentido de la reticencia a aceptar las verdades que coexisten y son ciertas todas. La señora de Bojayá tiene una narración de su vida distinta pero igual, en el sentido de la violencia, de lo que le ocurrió en la masacre de La Chinita a otro colombiano. El sentido de la Comisión de la Verdad no es dar un dictamen, sino justamente que convivamos con distintas verdades. Se trata de abrir el marco de las verdades, porque todas son verdaderas, aunque sean experiencias distintas. Y de convivir con eso. Un Acuerdo Final no es sólo una cuestión militar. Es aprender a respetar la diferencia, es jugar limpio, es también doblar la página de un conflicto que se acerca ya a los siete millones de víctimas.

La paz sin mentiras
El País, Madrid, 24 de agosto de 2016

Hace algunas semanas, después de cuatro años de negociaciones intensas que han transformado a Colombia, el gobierno del presidente Santos y la guerrilla de las Farc llegaron a un acuerdo de paz frente al cual, por una vez, no era exagerado echar mano del adjetivo «histórico». Tiene un nombre portentoso —*Cese bilateral y definitivo del fuego y las hostilidades*— que sin embargo no alcanza a describir su trascendencia. Al día siguiente de esa firma, por primera vez desde 1964, el país se despertó en una realidad cambiada: una realidad donde esta guerra, que ha dejado seis millones de víctimas entre muertos, heridos y desplazados, había terminado por fin. En un municipio de Antioquia se retiraron las trincheras que habían rodeado la comandancia de policía durante años; las regiones más golpeadas de otros tiempos llevan casi quince meses sin sufrir secuestros, ni tomas, ni reclutamientos forzosos. Si todo sale como se ha acordado, seis meses bastarán para que la guerrilla más antigua del mundo deje las armas de manera irrevocable (un éxito notable, teniendo en cuenta que el desarme les costó siete años a los irlandeses). Los acuerdos de Esquipulas, que terminaron con el conflicto centroamericano, son de los años ochenta; la paz entre las guerrillas marxistas y la monarquía de Nepal se firmó en 2006. Mi país es el último escenario de la Guerra Fría, y ahora tiene la oportunidad —nuevamente: histórica— de llegar al siglo en que esperan los demás.

Pero no va a ser fácil. Esta paz relativa (porque otros actores de la violencia persisten) depende de un plebiscito, todavía sin fecha, en que los colombianos deberán votar para aceptar o rechazar los acuerdos. Ahora bien, el plebiscito es un mecanismo incierto y frágil, como lo saben los británicos, que ahora se asoman al despeñadero imprevisto del Brexit, pero fue la única manera que encontró el Gobierno colombiano de sosegar a la opinión pública frente a la cantidad inverosímil de calumnias, desinformación, mentiras y propaganda negra con que los enemigos del proceso de paz, tanto los que actúan dentro de la legalidad como los otros, intentaron desde el principio sabotearlo. Los principales agentes de esa oposición engañosa —que han ahogado a la otra oposición, la comprensible y necesaria— han sido los seguidores del expresidente Álvaro Uribe, cuya relación con la verdad ha sido siempre tenue. Los colombianos recuerdan todavía el incidente más escandaloso de las últimas elecciones, cuando el candidato de Uribe a la presidencia apareció en un video conversando con un *hacker* contratado, según su propia confesión, para intervenir los correos electrónicos de los negociadores del Gobierno y desprestigiar el proceso de paz. Por comparación, lo demás parece tolerable: el bulo propagado por la cadena de radio uribista, según el cual Mario Vargas Llosa había condenado públicamente el proceso de paz (Vargas Llosa tuvo que desmentirlo); o los rumores de que el Gobierno está negociando el modelo de Estado, planeando abolir la propiedad privada o pagando un sueldo a los guerrilleros. Nada de eso es verdad; nada de eso es deseable, ni lo desea la mayoría de los que apoyamos el proceso.

Ha sido un espectáculo bochornoso, pero al cual parecemos acostumbrarnos. Hace dos años, Uribe publicaba en Twitter las cincuenta y dos *capitulaciones* en que habría incurrido el equipo negociador del Gobierno: todas las formas en que le habría «entregado el país» a la guerrilla. El portal *La Silla Vacía*, cuyo periodismo no ha abandonado la cordura y el buen oficio en medio de la borrasca de la desinformación, publicó un artículo en que desmenuzaba las acusaciones, las analizaba con rigor y llegaba a la siguiente conclusión espeluznante: de las cincuenta y dos, sólo cuatro eran verdaderas de manera inapelable. El jefe del equipo negociador, Humberto de la Calle, tuvo que pedirle a la oposición que no dijera mentiras: las críticas al proceso de paz, dijo, eran bienvenidas, pero debían «corresponder a la verdad». Y no era así: cualquiera que tuviera la paciencia de leer los documentos que los negociadores habían publicado se habría podido dar cuenta de ello. Pues bien, la cosa sigue igual dos años después. Las mentiras han calado en un electorado temeroso, han cobrado vida propia y hoy sobreviven a pesar de las pruebas en contrario (por no hablar del sentido común) que da el equipo negociador cotidianamente. La única diferencia entre una mentira y un gato, nos dejó dicho Mark Twain, es que el gato tiene sólo siete vidas.

Pensando en eso, hace unas semanas entrevisté a Humberto de la Calle. Quería que me explicara las acusaciones que ha recibido el proceso. Hablamos, por ejemplo, de la impunidad, que es esgrimida como principal objeción al proceso de paz. Entre todas, ésta es la que responde a una inquietud más profunda y más emocional: en su medio siglo de existencia, las Farc han causado tanto dolor y tanto sufrimiento que a los colombianos les cuesta entender que no vayan a estar tras las rejas. Pero eso no significa impunidad, me explicó De la Calle, pues la amnistía sólo se dará para quienes confiesen sus delitos y contribuyan a la reparación patrimonial de las víctimas: los demás irán a la cárcel. En cuanto a los delitos más graves, no habrá amnistía de ningún tipo. «Déjeme que lo diga bien claro», me dijo De la Calle. «Esto es inédito. Una conversación sobre un conflicto en la cual una guerrilla dice que sí, que los responsables de crímenes internacionales deben responder, así sea a través de justicia transicional... eso es único». De esa conversación de tres horas salió una conclusión sencilla: la única solución es decir la verdad, aunque la gente se tape las orejas.

Sea como sea, los colombianos nos enfrentamos a la oportunidad irrepetible de cerrar un largo capítulo de violencia que nos ha marcado a todos: son pocos los adultos que recuerdan los tiempos remotos en que no nos estábamos matando. Nos hemos acostumbrado al conflicto; y esa costumbre ha producido una situación viciosa en que a muchos les parece mejor la certidumbre de la guerra —con sus reglas claras y sus riesgos predecibles, con muertos que pondrán otros, con sus rutinas de odio y sus enemigos bien definidos— que la incertidumbre de la paz. La decisión que ahora se nos viene encima exigirá de nosotros, los ciudadanos, responsabilidades inéditas. La principal, quizás, será paradójicamente la más sencilla: la de informarnos bien. Para eso habrá que buscar, en la maraña de la demagogia de la derecha y de los populismos de izquierda, los recursos más bien escasos de la verdad, la sensatez y la magnanimidad. Yo, por lo pronto, espero que estemos a la altura del momento.

Último alegato por la paz
El País, Madrid, 1 de octubre de 2016

En cuestión de días, si nuestros votos no disponen otra cosa, habrá una guerra menos en el mundo. Es una de las más largas, o acaso la más larga de todas, pues los más conservadores creen que comenzó en 1964, con el surgimiento malhadado de las Fuerzas Armadas Revolucionarias de Colombia. Pero es posible decir también que comenzó mucho antes, con esa década que llamamos la Violencia, cuyos saldos incluyen trescientos mil muertos, un país roto y un terreno abonado para que los descontentos sociales se convirtieran, sobre el fondo de la Guerra Fría, en guerrillas revolucionarias. Lo que ha pasado desde entonces es un escenario de horror; pero el horror se diluye con el tiempo, y quizás por eso el mundo se ha sorprendido en estos meses al conocer las cifras del conflicto colombiano, que, con sus siete millones de víctimas, entre muertos, heridos y desplazados, es uno de los que más sufrimiento han causado en la historia reciente. Y es esta guerra la que puede desaparecer en cuestión de días, si los colombianos tenemos el buen juicio de aprobar los acuerdos en un plebiscito.

Los acuerdos se firmaron por fin el lunes pasado. La ceremonia fue el cierre de años de conversaciones que más de una vez hubieran podido irse al diablo, pero la voluntad de pasar la página y el sentido de Estado de los negociadores pudieron más. En todo este tiempo, mientras he estudiado los acuerdos, mientras me he convencido de que no hay nada mejor para Colombia, mientras he invertido más tiempo del que tengo para defenderlos, he recordado, de la mano de los que han sufrido sus estragos, los episodios más infames de esta guerra. He hablado, por ejemplo, con uno de los voceros de las víctimas de Bojayá, donde un proyectil de la guerrilla mató a un centenar de civiles que se refugiaban en una iglesia; he visto los testimonios de los paramilitares del Catatumbo, que desaparecieron a cientos de víctimas en hornos crematorios de ladrillo cuyo fuego se mantenía vivo con carbón mineral y con los cuerpos de los enemigos, y he conversado con una mujer chocoana que perdió a cuatro familiares cercanos en esta guerra, pero nunca ha podido saber de qué ejército vinieron las balas. La que sí lo sabe es una madre del municipio de Soacha, al sur de Bogotá, que una mañana dejó a su hijo adolescente durmiendo en su casa y días después lo encontró muerto en combate y disfrazado de guerrillero: la suya fue una entre las miles de ejecuciones que en mi país se conocen con el eufemismo triste de *falsos positivos*. Este inventario del mal cubre apenas nuestros últimos quince años, pero es la consecuencia de los treinta años precedentes. Las guerras, he escrito en otra parte, sacan lo peor de todos; las guerras largas corroen nuestra noción misma de lo que es humano.

De manera que el final de esta guerra no es sólo el desarme de una guerrilla degradada: es la desactivación de medio siglo de violencias diversas, ciclos de retaliaciones que nunca terminan y una relación con el horror que nos ha deshumanizado a todos. Desactivar esta guerra es pasar las páginas insoportables del secuestro y las minas antipersonales, pero también del paramilitarismo y de los crímenes de Estado: todas las ramas pavorosas que le han crecido al árbol de la violencia. Pero estas ramas visibles no son ni siquiera las únicas, pues los mecanismos insidiosos de la violencia también se han colado en nuestros ámbitos privados, socavando irreparablemente partes de nuestra vida que un espectador distraído podría considerar indemnes. El año pasado, doce mil colombianos murieron de muerte violenta, pero sólo dos mil fueron víctimas de la guerra, y estas cifras descomunales deberían lanzarnos a la cara la verdad terrible de que la sociedad está descompuesta. La guerra se mete en todas partes. En todo el país, por ejemplo, hay niños que nada aprenden en la escuela porque no duermen bien, y que no duermen bien porque sus noches son noches de miedo; en todo el país van en alza las esquizofrenias y las depresiones y también los suicidios, a pesar de que luego nos mostremos como los más felices del mundo. No lo somos. Somos un país enfermo, un caso masivo de estrés postraumático. El final de esta guerra es un primer paso hacia cierta forma de sanidad mental que ninguno de los vivos de Colombia puede describir, porque ninguno la recuerda.

Cerrar este conflicto es también sacar de la mesa el pretexto de la guerra, que le ha servido durante medio siglo a un país indolente y corrupto para incumplir sus obligaciones. Cerrar el conflicto obligará al Estado a que se haga presente en lugares recónditos, para que no los ocupen los violentos; obligará a los políticos a ofrecer soluciones reales, para que la gente no se deje seducir por los populismos. Cerrar el conflicto, en fin, es salvar vidas: esas dos mil, por ejemplo, que cayeron en el 2014 en las redes de la guerra. No conviene olvidarnos de esa evidencia, pues los colombianos que nacimos en estos tiempos nos hemos pasado los años así: preguntándonos cómo cortar con las inercias que alimentan y perpetúan la violencia. Lo que nos espera del otro lado de los acuerdos es la posibilidad inédita de ocuparnos de otras cosas; la guerra, cuyo comienzo se pierde en las desigualdades de nuestra sociedad, no ha remediado esas desigualdades, y en cambio ha dejado una larga estela de sufrimiento. No es tan paradójico como parece que el final del conflicto, si nuestros dirigentes se comportan como es debido, pueda traer consigo los remedios que lo hubieran evitado en un principio.

Los colombianos llevamos más de medio siglo leyéndonos y entendiéndonos a través de la violencia: de eso son prueba nuestras artes y nuestras letras, siempre dándole vueltas a la casa de los muertos para ver por dónde es mejor entrar. Yo tengo para mí que estos acuerdos nos pueden permitir, por primera vez, mirarnos al espejo y ver algo distinto. Pero lo más importante es que nos permitirán acabar con el sufrimiento de muchos, lo cual no es solamente un mandato moral, sino uno de los mejores motivos para hacer ciertos sacrificios. En medio de los detalles farragosos de los acuerdos, en medio de la polarización y de las disputas, no perdamos de vista esa verdad esencial: que el voto del domingo próximo puede hacer que muchos dejen de sufrir, que se interrumpa una historia de violencia cuyo único destino posible es una violencia mayor, y que los muertos que estaban inscritos en nuestro futuro puedan, en virtud de nuestra decisión, volver a la vida.

El dolor y la mentira
Ahora, Madrid, 7 de octubre de 2016

La derrota del Sí en el plebiscito colombiano nos sorprendió a todos. Sorprendió, como primera medida, a los promotores del No, que ya habían hecho pública su convicción de que Colombia era una dictadura y de que el plebiscito estaba amañado. El caricaturista Héctor Osuna, cuya clarividencia ya es cosa del pasado, publicó una columna lamentable en que acusaba al Gobierno de haber gastado el dinero de todos en unas elecciones que no eran libres; un vocero del Centro Democrático —el partido del expresidente Álvaro Uribe, principal líder del No, que rechazó durante los últimos cuatro años la participación política de las Farc— dijo que ahora la guerrilla ya había hecho «el tránsito a la política» y que eso «había que respetarlo». A la hora en que escribo, el Centro Democrático ya se ha desdicho de ese pronunciamiento, y ha vuelto a rechazar de plano la participación política de los jefes guerrilleros; es el único partido que ha faltado a la cita convocada por el presidente Santos para encontrarle una salida a la crisis, pero no les ha parecido incoherente ausentarse mientras se declaran «abiertos al diálogo». La verdad es que no tenían plan B para el caso de no perder el plebiscito. Por no tener, ni siquiera tenían plan A. En eso, pero no sólo en eso, nos obligaron a muchos a recordar el desastre del Brexit, que sin duda es ahora de menor trascendencia.

Desde el domingo pasado, cuando los colombianos decidieron —por un margen de sesenta mil votos— no terminar con una guerra que ha causado ocho millones de víctimas, una de las frases que más se leen y se escuchan es una banalidad que no le sirve a nadie: que la paz la queremos todos. La han dicho y la han escrito hasta la saciedad los que votaron contra los acuerdos, sin duda para que nadie los acuse de ser amigos de la guerra; y nadie ha señalado, por razones que se me escapan, que la verdadera tristeza de los que teníamos la esperanza de la sensatez no es que la gente haya rechazado estos acuerdos, sino que lo haya hecho bajo el influjo de la mentira y la superstición. Para decirlo de otra forma: me parece una verdad evidente que el rechazo a los acuerdos fue en parte el rechazo a las Farc, que no sólo tienen un historial aterrador como causantes de dolor y sufrimiento, sino que se tardaron demasiado en abandonar su cinismo y asumir sus culpas con algo parecido a la humildad. Pero estos días que se nos vienen encima tendrían que contemplar también un debate serio sobre el peso de la mentira en nuestra decisión final.

Así es. Durante los cuatro años de las negociaciones, los líderes del No repitieron hasta la saciedad una serie de mentiras que se volvieron más descabelladas a medida que crecía, en el mundo de las apariencias, el apoyo a los acuerdos. El expresidente Uribe, un populista desvergonzado que ha hecho de la desinformación y la calumnia una forma de vida, sostuvo que los acuerdos convertirían a Colombia en una nueva Venezuela, luego dijo que el propósito secreto de los acuerdos era acabar con la propiedad privada, y en algún momento acusó al Gobierno de estar negociando con las Farc su propio encarcelamiento. Uno de sus lugartenientes más temibles, el exprocurador lefebvrista Alejandro Ordóñez, consiguió que la gente creyera en una insensatez de fábula: en su versión, los acuerdos de paz eran una estrategia soterrada para imponerle al país una «ideología de género» y acabar con la familia católica, y en algún momento acusó al Gobierno de haber negociado con las Farc su salida de la Procuraduría. Esto es apenas la superficie de un largo inventario. Nada de eso es cierto, por supuesto; pero yo he podido confirmar, hablando con la gente, que una parte considerable de quienes rechazaron el acuerdo lo hicieron creyendo en esas acusaciones.

Y es una lástima. Hemos dejado pasar una oportunidad irrepetible, y ahora nos toca rescatar lo que se pueda del mar de la incertidumbre. Nadie, en el momento en que escribo, sabe realmente qué va a pasar en Colombia. El presidente Santos, por fortuna, tuvo desde el primer momento una reacción digna de mayores encomios, y anunció que el cese al fuego se mantendría. Minutos después, la guerrilla anunció su intención de respetarlo también: las palabras, dijeron, serían sus únicas armas. Era imprescindible: la principal motivación de muchos defensores de los acuerdos, entre los que me contaba yo, era empezar cuanto antes a salvar vidas. La guerra mató en su último año de actividad a unos dos mil cuatrocientos colombianos; el cese al fuego bilateral y definitivo que comenzó hace cosa de un mes deberá proteger a los más vulnerables, y conservarlo es la primera de las obligaciones de las partes negociadoras. El problema es que todo cese al fuego en cualquier parte del mundo es un animal frágil. En los territorios colombianos, en zonas de concentración donde la ONU ya no estará, en el ambiente enrarecido de las negociaciones fracasadas y los miedos mutuos, cualquier altercado es un polvorín. Los colombianos recordamos el fracaso de las negociaciones de La Uribe, en el gobierno del presidente Betancur, cuando todo se fue al traste por una serie de hechos violentos cuya autoría nunca se conoció a ciencia cierta, pero que generaron un intercambio de culpas y, a la postre, una violencia abierta y brutal. Eso fue en 1984. El siguiente intento de negociación se dio siete años y unos cinco mil muertos después. Habrá que ver cuántos hacen falta ahora.

El siguiente paso en el proceso colombiano será la admisión de un nuevo protagonista en los diálogos: el partido de Uribe. (El presidente Santos los invitó a participar incontables veces en los últimos cuatro años, y siempre hicieron oídos sordos). Se trata de un partido sectario e intolerante cuyos miembros han llamado terroristas a todos los que no votamos por Uribe en las últimas elecciones, han hablado de salvar al país del «comunismo ateo» y han acusado a los militares colombianos de recibir sobornos de Santos para callar su opinión sobre el proceso. Pues bien, el presidente le ha pedido a Humberto de la Calle, jefe del equipo negociador del Gobierno, que se encargue de llegar a un acuerdo con el uribismo. Esa nueva negociación tiene más problemas que la anterior, porque el tiempo le corre de manera más implacable: hay que llegar a acuerdos serios antes de que la relación entre el Gobierno y la guerrilla se enfríe tanto que se pierda la confianza. Tiene más problemas que la anterior, sobre todo, porque el uribismo, digan lo que digan y actúen como actúen, no tiene ninguna razón para buscar una paz que no será suya, sino de Santos. A menos que las negociaciones se tarden tanto que acaben, antes de que nos percatemos, por confundirse con las elecciones presidenciales de 2018. Que representan, a fin de cuentas, lo único que le ha interesado a Uribe: recuperar el poder. El martes pasado, en una emisora colombiana, Uribe negaba esas ambiciones tajantemente. Se le olvidaban las palabras públicas de uno de sus copartidarios antes del plebiscito. Los votos del plebiscito, dijo aquel personaje, «representarán el apoyo con que nuestro candidato presidencial llegará a 2018. Nosotros entendemos la campaña del plebiscito como una primera vuelta». Para ello, Uribe ha recurrido al engaño y a la calumnia, y ha convencido a un electorado desinformado y temeroso.

Así lo confirmé, por ejemplo, con un hombre treintañero de un pueblo vecino de Bogotá: «Voy a votar No», me dijo, «porque no puede ser que los guerrilleros vayan a ganar un millón seiscientos mil pesos mientras yo me conformo con el salario mínimo». Le expliqué que eso era una mentira propagada por la oposición: los guerrilleros recibirían del Gobierno justamente el salario mínimo, y eso, durante dos años: no de otra forma se consigue una desmovilización. Un taxista de Cartagena, en la costa caribe, cuyo vidrio trasero llevaba orgulloso una pegatina que llamaba terrorista al presidente Santos, me dijo que iba a votar por el No «para que a este país no se lo lleve el castrochavismo». Cuando le pregunté qué quería decir eso, lo resumió así: «Uribe dice que con esta paz nos vamos a volver la nueva Venezuela».

Yo nunca he creído que nos volveríamos la nueva Venezuela. Lo que no me imaginé fue que siguiéramos, tercamente, siendo la vieja Colombia.

Mentiras
El Espectador, 8 de octubre de 2016

Lo que sucedió en estos días con el señor Juan Carlos Vélez, gerente de la campaña uribista por el No, fue al mismo tiempo una revelación imprevista y una constatación de lo ya sabido. Con la sinceridad despreocupada de quienes se sienten más allá de la ley, el señor Vélez confesó en una entrevista que su campaña, cuyo resultado fue el sabotaje del único proceso de paz exitoso de la historia de Colombia, se basó en la tergiversación de verdades, la manipulación grosera de los votantes, el rechazo cuidadoso de toda forma de análisis y la demagogia más barata. Digo que aquello fue una revelación imprevista porque el sentido ético del señor Vélez sólo es tan defectuoso como su sentido de la oportunidad: en este triste país peleado consigo mismo, donde la división entre nosotros roza la violencia todos los días y donde la vida de la gente da un vuelco cada hora por cuenta de lo ocurrido el 2 de octubre, al señor Vélez no le ha parecido mal decirles a millones de votantes que sus miedos y sus ansiedades fueron deliberadamente explotados. Digo que aquello fue una constatación de lo ya sabido porque la confesión del señor Vélez es apenas la última de las incontables instancias en que los colombianos podemos comprobar las tradicionales prácticas del uribismo, y en particular su irrefrenable tendencia a la mentira.

Hace unas semanas, poco antes del plebiscito, publiqué en un periódico español un artículo con el título todavía esperanzado de «La paz sin mentiras». En él recordaba que el expresidente Uribe, líder del No y referencia moral para tantos votantes, lanzó hace dos años una serie de acusaciones contra el proceso de paz cuya premisa ya era una mentira: eran cincuenta y dos «capitulaciones» con las cuales Uribe les aseguraba a sus fieles que el Gobierno le estaba «entregando el país» a la guerrilla. *La Silla Vacía* publicó un informe en que analizaba las acusaciones de Uribe y llegaba a esta conclusión: de las cincuenta y dos, sólo cuatro eran verdad de manera inapelable. Las demás eran mentiras, tergiversaciones o medias verdades. Esto fue, si mal no recuerdo, meses antes de que el candidato uribista a la presidencia apareciera en un video con un *hacker* contratado, también según su confesión, para sabotear las negociaciones de La Habana. Más tarde mintió el programa de Fernando Londoño, que aseguró que Vargas Llosa había condenado el proceso de paz, y mucho más tarde mentiría hasta cansarse el exprocurador Ordóñez, cuyas alegaciones inverosímiles sobre la ideología de género y los riesgos de la homosexualidad llegaron a niveles nunca antes vistos de ridiculez, y hubieran sido risibles en un país menos fanático y más instruido que el nuestro.

El resto de la historia de estos meses es un nuevo inventario de mentiras. Desde el uribismo se dijo que los acuerdos de La Habana abolirían la propiedad privada, que la aprobación de los acuerdos equivalía a elegir a Timochenko presidente, que en La Habana se estaba negociando el encarcelamiento de Uribe. Algunas de las mentiras apelaban al miedo y al dolor; otras confiaban en que los votantes no tuvieran la astucia ni el tiempo de leer los acuerdos, lo cual hubiera bastado para dejarlas sin piso. La belleza de la confesión de Juan Carlos Vélez es que nos permitió entender, de primera mano, cómo funciona el uribismo: nadie espera ya de ellos el menor signo de responsabilidad, ni tampoco el menor intento de concordia, pero clasificar sus mentiras por clase social me parece especialmente humillante. Gracias a Vélez sabemos que la amenaza del castrochavismo, que tanta gente merecedora de más sensatez repitió sin problema, estaba dirigida a los estratos altos; para los bajos, el uribismo reservó otras mentiras —el supuesto sueldo de un millón seiscientos mil pesos que se les pagaría a las Farc, por ejemplo— que explotaban las ansiedades económicas de la gente y la fragilidad de su diaria supervivencia. Se me ocurren (a menos que haya un pleonasmo en lo que digo) pocas demagogias más innobles.

Lo más fascinante, tras la publicación de esta entrevista sin desperdicio, fue la primera reacción de Uribe: «Hacen daño los compañeros que no cuidan las comunicaciones». No corrigió a su gerente ni desvirtuó sus confesiones involuntarias, sino que usó el tono penumbroso con que se habla al que ha revelado los secretos de la banda. Es evidente: lo que hubo aquí fue una conspiración en toda regla, y su objetivo era engañar a la gente. No pasará nada, por supuesto, porque los que engañaron a tantos hacen ahora parte —en virtud del engaño mismo— de la mesa de negociaciones, y cuentan con el poder que les han concedido la superstición y la credulidad de millones de colombianos. Pero algún día tendremos que hacer un examen de conciencia y definir si el hecho de que tantos uribistas estén en la cárcel o sean prófugos de la justicia es una persecución, como ellos machaconamente alegan, o el resultado natural de que el expresidente Uribe se haya rodeado con tanta frecuencia de gente cuyo sentido de la decencia es, por decirlo con suavidad, bajito de tono.

La victoria del No en las urnas le dio cara y voz a un descontento latente. Yo, por mi parte, he sabido siempre que esas multitudes sin cara que rechazaron los acuerdos albergan a miles de ciudadanos honestos, cuyos motivos para el No son genuinos y comprensibles. Pero la derrota de este esfuerzo titánico, este esfuerzo que nos ha exigido como país sacrificios sin cuento, sería más comprensible si la amplia mayoría de las víctimas de la guerra no hubieran apoyado los acuerdos; y sería más comprensible, sobre todo, si no tuviéramos la certeza incómoda de que muchos de los que los rechazaron lo hicieron movidos por la desinformación, la tergiversación y las mentiras.

Un país enfrentado
Agencia EFE, 20 de marzo de 2018

Después de las elecciones del domingo, las primeras que tenían lugar sin las interferencias de la guerra, los colombianos nos quedamos con muchas incertidumbres, pero sobre todo con una certeza: el nuestro es un país dividido. Eran unas elecciones legislativas, pero se llevaron a cabo con la mirada puesta por completo en las presidenciales de mayo. Para muchos analistas, estas elecciones fueron en realidad unas primarias; para mí, en cambio, fueron un segundo plebiscito. Desde el 2 de octubre de 2016, cuando los colombianos rechazaron los acuerdos de paz de La Habana por un margen tan exiguo que no hubiera bastado para llenar un estadio pequeño, el país se ha visto fracturado irrevocablemente, abocado a un enfrentamiento constante que ya ha dejado muertos, e incendiado por las palabras irresponsables de las facciones más recalcitrantes. Es verdad que fueron las elecciones más pacíficas de los últimos cincuenta años, y eso es una razón para el optimismo. Pero el cuadro de fondo es más complejo.

Los dos grandes ganadores del día, cada uno victorioso en su propia consulta, representan los extremos del espectro. Por un lado está Iván Duque, la cara nueva de una vieja derecha que ya conocemos de autos: una derecha sectaria que azuza a sus violentos cada vez que puede, y cuyas armas han sido la injuria, la descalificación, la distorsión deliberada y la calumnia impune. Por el otro lado está

Gustavo Petro, un populista cuyo paso por la alcaldía de Bogotá fue un desastre de incompetencia e ineficacia, y cuyas promesas han puesto nerviosos a los economistas más sensatos. Las dos campañas tienen en común la circunstancia triste de haber sido blancos de los violentos: Petro fue atacado en la ciudad de Cúcuta con proyectiles que no eran sólo piedras, y los daños que sufrió su vehículo permiten imaginar las peores consecuencias si no hubiera habido un blindaje de por medio; en la ciudad de Popayán, el senador Álvaro Uribe Vélez, padrino de Duque, fue acosado por un grupo tan hostil que la policía tuvo que usar gases lacrimógenos para dispersarlos, y los violentos respondieron más tarde atacando la sede de un candidato de su partido con bolsas de mierda.

Éste es el clima que se respira en Colombia: por debajo de unas elecciones de sociedad madura que la guerra había impedido, una crispación divide al país en dos grandes bandos sordos e irreconciliables. Semejante polarización no se había visto desde mediados de los años cuarenta, cuando el enfrentamiento partidista dividió al país y todo el que tenía un altavoz —un periódico, una emisora de radio, un púlpito de iglesia— lo usó para enfrentar a los colombianos entre sí. Diez años después, el país contaba unos trescientos mil muertos y se preguntaba si alguna vez sería capaz de terminar con los ciclos consabidos de la venganza, con las inercias macabras de la guerra. En la polarización de hoy, la que ha quedado desde el plebiscito de 2016 y se ha confirmado el domingo y nos acompañará hasta mayo, hay ya una estadística espeluznante: los cientos —son cientos ya— de líderes sociales asesinados.

En medio de este panorama —literalmente en medio: en el centro político, o tratando de apropiarse de él— están dos personas decentes, demócratas genuinos y humanistas liberales (o liberales humanistas), en el mejor sentido de ambas palabras. Son Humberto de la Calle, un hombre que no tenía nada que ganar abandonando la comodidad de su práctica privada para meterse en el avispero del proceso de paz, y que sin embargo lideró las negociaciones con un temple de estadista que no se ve con frecuencia por estos pagos, y Sergio Fajardo, cuyo paso por la alcaldía de Medellín y la gobernación de Antioquia transformó su región de maneras que hoy se estudian en todo el mundo para ver cómo fue posible el milagro. A Fajardo se le puede contar también entre los ganadores de las elecciones del domingo: el movimiento que lo respalda, Alianza Verde, pasó de cinco a diez congresistas. El Partido Liberal de De la Calle, en cambio, perdió sillas; y sin embargo, más de cuatro millones de votos sólo pueden verse como una victoria.

Fajardo y De la Calle tienen un destino todavía incierto. Dirán algunos que han perdido visibilidad, pero yo no lo creo: creo que se han negado a entrar en el ruido insoportable de nuestra plaza pública; creo que han mantenido la cordura en un ambiente desquiciado. Por ejemplo, no han usado las redes sociales para propagar infundios o traficar con teorías de la conspiración, como lo ha hecho Duque; por ejemplo, han sido claros a la hora de denunciar y condenar la deriva autoritaria del chavismo, cosa que no ha hecho Petro. Se han negado a explotar el miedo, a mentir y engañar (con lo fácil que eso se ha vuelto) y a espolear a sus bases para que conviertan al contradictor en enemigo. No: han optado por una forma de la moderación y la tolerancia que no vende entre nosotros. Colombia sigue siendo un país de rabiosos, un país siempre al borde del estallido, un país en histeria permanente donde se respeta a los matones más que a los mesurados y se presta más atención a la diatriba que a la prudencia. De aquí a mayo, no hay mayor razón para pensar que estos rasgos de carácter vayan a atenuarse; habrá que ver si somos capaces de arrinconarlos, cosa de que no sean los extremistas los que controlen el relato. Yo, por lo pronto, creo que es posible.

La guerra, decía sin cinismo Von Clausewitz, es la continuación de la política por otros medios. En Colombia, muchos parecen convencidos de que la política es la continuación de la guerra, y de que los medios no han cambiado. Y ahí está el problema.

Imaginación y memoria
Del libro *Cómo mejorar a Colombia*,* mayo de 2018

I

En cierta ocasión, alguien me preguntó para qué servía escribir novelas sobre un pasado doloroso. ¿No sería mejor, como dicta la sabiduría popular, dejar el pasado quieto y seguir adelante? Empeñarse demasiado en recordar viejos conflictos, ¿no nos vuelve incapaces de superarlos? Recordé a David Rieff, un gran ensayista que ha vivido de primera mano varios escenarios de guerra civil y ha concluido en ensayos magníficos que las violencias presentes son muchas veces producto de la terca memoria: recordar es revivir el rencor, y revivir el rencor es abonar el terreno para la venganza.

Ahora que Colombia se enfrenta al reto inverosímil de la reconciliación, me doy cuenta de que no pasa un día sin que me haga estas preguntas. ¿Qué es más conveniente, el olvido de mutuo acuerdo o el empeño memorioso? Y no pasa un día sin que llegue, por caminos diversos, a la misma conclusión: no hay, no puede haber reconciliación genuina, sin un esfuerzo común por saber —hasta donde pueda saberse— qué nos ha pasado en estos últimos cincuenta años. Eso, contar el cuento de este medio siglo, es

---

* Mauricio García Villegas, ed. *Cómo mejorar a Colombia: 25 ideas para reparar el futuro*. Bogotá: Ariel - Universidad Nacional de Colombia (Iepri), 2018.

lo que intenta mucha gente en estos momentos: los políticos de izquierda, los políticos de derecha, el Gobierno, la guerrilla, la Iglesia, los periodistas y los historiadores. Y así debe ser, por supuesto, porque una democracia de verdad, una democracia que funcione, es, entre otras cosas, un debate civil entre las distintas versiones de nuestro pasado común. En otras palabras, lo que hacemos en democracia puede verse desde dos ópticas. Por un lado, se trata de construir un espacio en el que varias versiones de nuestro pasado sean válidas y puedan defenderse: aceptamos que la experiencia de la guerra contada por un campesino es distinta de la experiencia de la guerra contada por un habitante de las ciudades; aceptamos que una víctima de la guerrilla cuenta una historia de guerra radicalmente distinta de la que cuenta una víctima del paramilitarismo o de los crímenes de Estado. Por el otro, se trata de negociar una versión de nuestro pasado, una sola, pero amplia y suficiente, una versión generosa y abarcadora con la que todos los ciudadanos podamos sentirnos identificados, en la cual todos los ciudadanos podamos reconocernos. Sin esa diversidad que es hija de la tolerancia, sin esa versión común de nuestro pasado —que nunca es perfecta, que siempre estamos negociando—, no hay futuro posible. Ni reconciliación tampoco.

Y es aquí donde entran los novelistas. La novela tiene su propia versión de lo ocurrido, pero es una versión única y además insustituible porque no ocurre en el terreno de los hechos visibles, sino en el de los invisibles: la moralidad, las emociones, las memorias secretas e inconfesadas. Para comenzar a entender nuestra experiencia como país, me parece, son imprescindibles los relatos que contamos desde la historia, el periodismo y las ciencias sociales; pero sin la ficción, sin las maquinarias de esas narraciones capaces de vernos por dentro, capaces no sólo de contarnos lo que le ocurrió al otro sino de permitirnos imaginarlo y compadecerlo (compadecer, como se sabe, es sufrir con alguien), esa posible comprensión queda incompleta, como un mapa con una zona en blanco. Acerca de nuestros últimos cincuenta años de guerra, sólo la novela puede contarnos lo que esas violencias le han hecho a nuestra frágil condición humana. Sólo la novela puede mirarnos por dentro y contarnos lo que la guerra le ha hecho a eso que, a falta de mejor palabra, podemos llamar el alma. Y ninguna reconciliación es posible entre gente que no conoce los resquicios del dolor ajeno o que no tiene palabras para explorar y defenderse de los dolores propios. «La ficción», me dijo una vez un gran novelista, «distribuye el sufrimiento». No hay reconciliación posible sin memoria. Y hay memorias que emergen en los relatos de la historia y del periodismo, pero hay otras que ni el periodismo ni la historia pueden contar: son las memorias de nuestra intimidad humana, que es lo que más se daña cuando se sufre la violencia.

Tampoco hay reconciliación posible sin imaginación. El escritor israelí Amos Oz, que ha conocido durante décadas ese conflicto sin salida que ocurre en su país, cuenta una anécdota que una vez le contó su amigo y colega Sami Michael. Un día, en un taxi, Michael oyó al taxista decir que la única solución para el conflicto árabe-israelí sería que los israelíes exterminaran uno por uno a todos los árabes. «Cada uno de nosotros debería matar a algunos», dijo el taxista. En lugar de indignarse, Michael optó por un método que no había intentado antes: el método de la imaginación. Le pidió al taxista que imaginara el momento en el que llega a matar a su primera víctima. Resulta que es una mujer. No importa: el taxista la mata. Luego resulta que al fondo del apartamento llora un bebé. «¿Mataría usted al recién nacido?», preguntó Michael. Aquí el taxista lo interrumpió. «¿Sabe?», le dijo. «Es usted un hombre muy cruel».

Los fanáticos, dice Oz, son gente que no tiene imaginación. Cuando se los obliga a imaginar al otro, a ir un paso más allá en la imaginación de una vida ajena, se abre una grieta en el fanatismo. Eso, dice Oz y digo yo, es lo que hacen las novelas: nos obligan a imaginar con atención al otro, a percatarnos de la vida que carga consigo, de la cadena de hechos que lo ha puesto donde está. En las ficciones corremos el riesgo de entender a los otros, y entendernos, creería uno, es el primer requisito para reconciliarnos.

Entre esos dos polos, la imaginación y la memoria, se mueven las historias que nos contamos.

Ahora intentaré ahondar en esto.

II

En noviembre de 2017, durante una conversación con Fernando Savater, le hice una pregunta sobre uno de los asuntos que han dominado mis preocupaciones más recientes: la creación de un relato que sea capaz de contar nuestra experiencia —nuestra experiencia de la guerra, de nuestra larga guerra— desde la verdad. Me había pasado el último año dándole vueltas a la idea, angustiosa y a la vez condenadamente interesante, de que la derrota de los acuerdos de paz en el plebiscito colombiano compartía una dolorosa característica con los otros grandes fenómenos de ese año malhadado: la victoria del Brexit y la otra, más inverosímil, de Donald Trump. Esa característica, puesta en una síntesis tosca, era la siguiente: en todos los casos había triunfado un relato mentiroso. No simplemente una mentira, como también dije y escribí en su momento, sino una narrativa entera, una versión de la realidad diseñada para sembrar la desconfianza en el proceso de paz y para manipular las emociones de una ciudadanía vulnerable. «Es una verdadera lucha por el relato lo que estamos viviendo», le dije a Savater. «Estas guerras narrativas son fascinantes porque se trata de imponer una versión de las cosas a las otras». Le dije que eso era la famosa *posverdad*, esa palabrita que tanto nos acosa: la creación de un relato que, aunque no sea verdad, se *siente* como verdad. Y Savater me contestó así:

Ahí está la importancia que tiene la tarea de los novelistas. La gente en general ya no se molesta en leer libros de ensayos y de reflexión política, eso se da cada vez menos. Están los artículos de periódico, los esquemas de cobro por internet, y ya está, de manera que la forma más interesante de mantener relatos coherentes es precisamente la novela. Recientemente ha tenido un éxito enorme una obra de un novelista a quien conozco muy bien y aprecio mucho, Fernando Aramburu. Su novela *Patria* cuenta los acontecimientos que han ocurrido en el País Vasco hasta hace muy poco: la violencia terrorista, etcétera. Ahora bien, yo soy amigo de Fernando y aprecio literariamente la novela, pero a mí no me ha contado nada nuevo. Desgraciadamente, lo he vivido. Lo asombroso es la cantidad de gente que se ha caído del caballo al leer la novela: «¿Pero eso era lo que pasaba?». Otros llevamos muchos años diciéndolo y escribiendo cosas, pero nada de eso ha sido leído. Ahora la novela de Fernando le ha dado a mucha gente el relato de lo que ocurrió allí. En esta época de posverdad, quizá lo más verdadero sea la ficción bien orientada. Una ficción realmente bien orientada puede ser el mejor sustituto de esa verdad que ya nadie se ocupa de buscar.

No sé si Savater tenga razón, pero sí creo que vale la pena pensar en ello. ¿De qué forma pueden nuestros relatos, estas ficciones que nos contamos sobre nosotros mismos y nuestra historia de violencia, contribuir a la lenta invención de la paz? Cuando me pregunto, como se preguntan todos los que escriben en este libro, qué necesitamos para dejar atrás medio siglo de guerra y recuperar cierta normalidad perdida para todos y olvidada para muchos, me viene a la mente la necesidad —humana, demasiado humana— de contar historias. Necesitamos historias: estamos programados para vivir en ellas, para entendernos a través de ellas, para imaginar al otro a través de ellas. Entre el vacío y una historia mentirosa preferimos la historia mentirosa. Y eso solamente subraya la urgencia y la pertinencia que cobra la literatura en tiempos convulsos.

La palabra *ficción*, me dice un diccionario, viene del latín *fingere*, que etimológicamente significa «moldear» o «dar forma». Es esto acaso lo que busca la literatura de imaginación: dar forma a nuestro pasado, poner un orden en el caos de nuestra experiencia y conseguir, por esas vías misteriosas, que el caos tenga un sentido. Pero estos actos no son inocentes ni se libran de las tensiones que han acompañado siempre nuestra costumbre de interpretar el mundo a través de los relatos. Tener el control sobre el relato es tener el poder, y eso se ha sabido siempre. En *1984* escribe George Orwell: «Quien controla el pasado controla el futuro. Quien controla el presente controla el pasado».

III

El asunto volvió a estar presente en nuestras conversaciones hace unos meses, cuando una congresista de tendencias extremistas y pocas luces, cuya ignorancia sólo es tan notoria como su fanatismo, sostuvo en un programa de radio que la masacre de las bananeras era un mito histórico: un mito de la narrativa comunista. Recordó el episodio de *Cien años de soledad* en el que, por boca de José Arcadio Segundo, se nos arroja a la cara la cifra espeluznante de tres mil muertos. Como esa cifra le parece exagerada, la congresista concluye que la masacre nunca existió, y añade, invulnerable al ridículo, que más bien fueron los trabajadores los que atacaron al ejército. Pensé entonces en aquella anécdota famosa: después de la Primera Guerra alguien le preguntó a Clemenceau cómo creía que los historiadores iban a recordar esos años sangrientos. «No sé», dijo Clemenceau. «Pero estoy seguro de que nadie dirá que Bélgica invadió Alemania». Hannah Arendt dice que Clemenceau, evidentemente, no conocía los totalitarismos que se nos venían encima; yo digo que Clemenceau, evidentemente, no había vivido nuestros tiempos de posverdad.

Pero volvamos al caso de las bananeras y a la congresista que intenta anular su existencia histórica: hacer, como en un cuento de Borges, que lo pasado no haya sido. «Usted hoy en día no consigue ese número de trabajadores», argumentó la congresista (las palabras nos desnudan: para esta mujer los trabajadores son algo que «se consigue»). Los historiadores tuvieron que salirle al paso para probar que la United Fruit Company era una empresa del tamaño de un pueblo, y que tres mil trabajadores se hubieran «conseguido» sin problemas; le recordaron también, documentos en mano, que el general Carlos Cortés Vargas, responsable de la masacre, confesó nueve muertos en sus memorias, que la prensa colombiana habló de cien muertos y 238 heridos, que el gran Ricardo Rendón dibujó la masacre en una caricatura célebre, que Jorge Eliécer Gaitán denunció los hechos en el Congreso y que para hacerlo levantó un cráneo de niño ante los congresistas horrorizados. Y le recordaron, también y finalmente, que el embajador de Estados Unidos en Colombia, el señor Jefferson Caffery, se dirigió al secretario de Estado en febrero de 1929 con estas líneas irrevocables:

> Tengo el honor de informar que el representante en Bogotá de la United Fruit Company me dijo ayer que el número de huelguistas asesinados por el ejército colombiano excedía los mil.

De manera que es verdad: no hay certeza posible sobre el número de trabajadores que el ejército colombiano asesinó ese 6 de diciembre de 1928. Los historiadores están habituados a estas zonas de sombra, y más todavía los novelistas: ya dejó dicho Novalis que las novelas nacen de las fallas de la historia. Pero sostener que la masacre no ocurrió no pertenece a ese orden de la incertidumbre: es un intento burdo por reescribir la historia, por editar la versión de nuestro pasado de manera que se acomode a un relato político, y en eso no es distinto de las reescrituras desesperadas y radicales que llevó a cabo el estalinismo (eliminando a Trotski de las enciclopedias, por ejemplo) o incluso el vecino chavismo (que intentó probar que Bolívar no había muerto de tuberculosis, sino envenenado por la oligarquía bogotana). La gran ironía está en que

Cien años de soledad ya había previsto que la masacre de las bananeras sería un tema contencioso, y que los intereses de la historia y nuestra memoria vulnerable convertirían ese episodio trágico en un barrial de arenas movedizas. Tras despertar sobre el montón de muertos que viajan hacia el mar para ser desaparecidos como el banano de rechazo, José Arcadio Segundo salta del tren y busca refugio en las casas de Macondo. Le cuenta a una mujer del tiroteo, del tren y de los muertos, y ella lo mira con lástima: «Aquí no ha habido muertos», le dice. «Desde los tiempos de tu tío, el coronel, aquí no ha pasado nada». Tampoco su hermano, Aureliano Segundo, se cree lo de la masacre, pues había escuchado un bando oficial en el que se anunciaba que los obreros habían suspendido la huelga y volvían a su casa «en caravanas pacíficas». Entonces escribe García Márquez:

> La versión oficial, mil veces repetida y machacada en todo el país por cuanto medio de divulgación encontró el gobierno a su alcance, terminó por imponerse: no hubo muertos, los trabajadores satisfechos habían vuelto con sus familias, y la compañía bananera suspendía actividades mientras pasaba la lluvia. La ley marcial continuaba, en previsión de que fuera necesario aplicar medidas de emergencia para la calamidad pública del aguacero interminable, pero la tropa estaba acuartelada.

Este párrafo ominoso termina con la negación total, la supresión, la obliteración del relato enemigo. «Seguro que fue un sueño», insisten los oficiales. «En Macondo no ha pasado nada, ni está pasando ni pasará nunca. Éste es un pueblo feliz».

Colombia es el país más feliz del mundo, decía una encuesta reciente. Otra encuesta, más realista, decía que era el segundo.

IV

La historia de nuestra guerra es también la guerra por nuestra historia. El final de esta guerra, de este medio siglo de violencias diversas que le han salido como ramas al árbol del conflicto, trae consigo nuestra obligación de averiguar qué ha pasado, recordarlo cuando sea posible y contarlo con las herramientas que tengamos a mano. El relato de la violencia colombiana —que, ya lo sabemos, no comienza con las partes que se sentaron en La Habana— nunca ha sido fácil. La literatura que primero intentó contar la Violencia, por ejemplo, fracasó en su empeño bienintencionado. García Márquez escribió famosamente que aquellos libros se habían equivocado: habían creído que el tema eran los muertos, cuando en realidad eran los vivos que sudaban hielo en sus escondites. Con esos vivos habrán de dialogar las ficciones colombianas para permitirles, entre otras cosas, que recuerden a sus muertos. A esos muertos habrán de imaginar con esa imaginación que sólo se puede llamar *moral* y que constituye nuestra posibilidad única de saber a cabalidad cómo eran los que ya no están. En *Los ejércitos*, de Evelio Rosero, a un muchacho lo mata una bala perdida «sin que se supiera quién, de dónde, cómo». De una niña se da esta descripción:

Tempranamente huérfana, sus padres habían muerto cuando ocurrió el último ataque a nuestro pueblo de no se

102

sabe todavía qué ejército —si los paramilitares, si la guerrilla: un cilindro de dinamita estalló en mitad de la iglesia, a la hora de la Elevación, con medio pueblo dentro; era la primera misa de un Jueves Santo y hubo catorce muertos y sesenta y cuatro heridos.

Para la memoria histórica de la guerra la escena no es infrecuente: para algunos evocará incluso algún desastre en particular (la masacre que la guerrilla cometió en Bojayá, por ejemplo), aunque sus tristes estadísticas sean distintas. La diferencia está, por supuesto, en esas palabras: *no se sabe qué ejército*. El narrador no sabe quién es su victimario, y esa ignorancia, la metáfora central de la novela, es una ventana a través de la cual obtenemos —nosotros, que sí sabemos y seguiremos sabiendo— toda una revelación sobre el lado invisible de la guerra, el que no cuentan los que sí saben las cosas, justamente porque su valor está en haberlas averiguado.

La clase de información, y por lo tanto de conocimiento, que nos dejarán los informes de las comisiones es imprescindible; pero claro, ninguna comisión de verdad o de memoria podrá incluir el párrafo siguiente, que me permito citar entero porque su temperatura y su tono son parte de sus descubrimientos; parte, es decir, de la manera como este párrafo es capaz de cartografiar los espacios en blanco del mapa de la guerra después de que han pasado por allí las demás formas de contar el mundo.

Hemos ido de un sitio a otro por la casa, según los estallidos, huyendo de su proximidad, sumidos en su vértigo; finalizamos detrás de la ventana de la sala, donde logramos entrever alucinados, a rachas, las tropas contendientes, sin distinguir a qué ejército pertenecen, los rostros igual de despiadados, los sentimos transcurrir agazapados, lentos o a toda carrera, gritando o tan desesperados como enmudecidos, y siempre bajo el ruido de las botas, los jadeos, las imprecaciones. Un estruendo mayor nos remece, desde el huerto mismo; el reloj octagonal de la sala —su luna de vidrio pintado, una promoción de Alka-Seltzer que Olivia compró en Popayán— se ha escindido en mil líneas, la hora detenida para siempre en las cinco en punto de la tarde. Voy corriendo por el pasillo hasta la puerta que da al huerto, sin importar el peligro; cómo importarme si parece que la guerra ocurre en mi propia casa. Encuentro la fuente de los peces —de lajas pulidas— volada por la mitad; en el piso brillante de agua tiemblan todavía los peces anaranjados, ¿qué hacer, los recojo?, ¿qué pensará Otilia —me digo insensatamente— cuando encuentre este desorden? Reúno pez por pez y los arrojo al cielo, lejos: que Otilia no vea sus peces muertos.

Esos peces muertos no aparecerán nunca en los imprescindibles informes de nuestros investigadores. Sin embargo, cuánta vida truncada hay en ellos, cuánto rumor de guerra y cuánto conocimiento imposible de conseguir de otro modo. Es el lenguaje de la ficción el que nos lo provee. O el lenguaje de la poesía, que la novela ha tomado prestado para transformar sus materiales, para permitirnos llegar con ellos a otra parte.

Pienso en esto y recuerdo que también ahí, en los versos, hay una historia de nuestra guerra; también en los versos podrá nacer alguna forma de nuestra paz futura. Piedad Bonnett me presta los suyos para terminar estas reflexiones:

En la fotografía del periódico veo el rostro desconocido,
tan desconocido como puede serlo un hombre de
campo
para el que Bogotá era apenas una imagen remota.
Arriba el titular de la masacre. Abajo los detalles:
las manos amarradas a la espalda, el incendio del caserío,
la huida mansa de los vivos.
La frente es amplia. En sus veinte años
seguro que algún sueño la habitaba.
Milton era su nombre, y puedo estar segura
de que lo ignoró todo sobre el poeta ciego.
Los ojos perspicaces, la piel tersa, el óvalo aniñado.
Y alumbrándole el rostro, la risa poderosa como barril
de pólvora.
Con esos dientes sanos habría podido romper lazos
más fuertes
que los de sus muñecas.
La muerte mancha ya de caries su blancura
y escarba hasta encontrar la fría luz del hueso.

El país que votó por miedo
El País, Madrid, 21 de junio de 2018

Colombia siempre ha sido un manojo de contradicciones, una paradoja en forma de república, y las elecciones del domingo pasado no han hecho más que confirmarlo. En el último medio siglo, este país que ha vivido en estado de guerra permanente ha sido también el único de su vecindario que ha sabido evitar las autocracias y las dictaduras; este país que ha vivido los azotes del narcotráfico, que convive todavía con su cultura de corrupción y su mentalidad mafiosa, es también un país de instituciones que misteriosamente han seguido funcionando, y que han logrado, aun en los momentos más críticos, producir sus propios anticuerpos. Igual ocurrió con estas elecciones: fueron las más pacíficas de los últimos tiempos, como consecuencia de los acuerdos de paz que desmovilizaron a una guerrilla anacrónica y atroz, y sin embargo en ellas triunfó el voto de los que quieren destrozar los acuerdos o *corregirlos* (las cursivas, sí, son mías) en todo lo que los hizo posibles. También fueron las menos violentas en los hechos: no se ha sabido de ningún incidente como los que empañaban siempre las elecciones durante la guerra. Al mismo tiempo, fueron las más violentas en las palabras, pues la discusión pública bajó a unos niveles de crispación y enfrentamiento (la injuria y la mentira convertidas en moneda de cambio, y las amenazas de muerte, en triste rutina) que hacen temer por la salud mental de nuestra democracia.

Eso es lo que se encuentra Iván Duque, el presidente electo: un país dividido, polarizado, enfrentado de forma (aparentemente) irreconciliable. La buena noticia es que Duque ha dado todas las muestras de haberse percatado de ello: sus primeras palabras han sido para asegurarles a los colombianos que gobernará para todos, que lo hará sin odios, que no reconoce enemigos. La mala noticia, que es muy mala, es que sus palabras no son tan dignas de crédito como podrían ser, pues la clase política que lo acompaña y lo apoya, la que lo llevó al poder a pesar de su falta de trayectoria y de logros, es la que se ha construido en los últimos tiempos a partir de un proyecto de país sectario, intolerante y fanático. Algunos de los principales valedores del nuevo presidente, por ejemplo, son un exprocurador lefebvrista y una excongresista cristiana que han hecho carrera declarándoles la guerra a dos de las grandes conquistas sociales de los últimos años: el matrimonio homosexual y el derecho al aborto. Esta agenda ultraconservadora se encuentra ahora entre los acreedores del presidente electo. Hoy leo en un periódico colombiano que la excongresista ha comenzado a sonar como ministra de Educación. ¿Es éste el país para todos?

Y luego está el expresidente Álvaro Uribe, sin cuyo padrinazgo Duque no estaría donde está. El apoyo de Uribe, a quien Duque llamó ridícula y preocupantemente «presidente eterno», es fuente de incontables problemas para la construcción de ese «país para todos». La razón es muy sencilla: durante los últimos dieciséis años, nadie ha atizado como Uribe el odio entre los colombianos, dividiendo a los ciudadanos entre amigos y enemigos, entre «buenos muchachos» y «malos patriotas»; durante su administración, sin ir más lejos, el organismo de inteligencia del país espió y amedrentó a opositores y críticos con tanta saña

108

que la única solución, cuando estalló aquel escándalo, fue cerrarlo del todo y construir otro desde los cimientos. Todos estamos de acuerdo en que la elección de Duque ha tranquilizado a los mercados; los que duermen menos tranquilos son los periodistas que han sido críticos con Uribe, pues han sufrido en estos años sus ataques inverosímiles (a uno lo llamó «violador de niños») y ahora, cuando Uribe vuelve al poder por interpuesta persona, no saben muy bien qué esperar.

Pero el asunto más importante para el gobierno de Duque, y el más urgente desde el primer día, será qué hacer con el proceso de paz. Pues la victoria del presidente electo se construyó también sobre el rechazo de lo acordado en La Habana; y ese rechazo se ha construido, a su vez, sobre inconformidades legítimas, resentimientos comprensibles y los dolores que deja una guerra tan cruel como la nuestra, pero también sobre mentiras grotescas, calumnias rampantes y una maniobra de desinformación de proporciones goebbelsescas. No lo digo yo: lo confesó, poco después de la derrota de los acuerdos en el plebiscito de 2016, el gerente de la campaña por el No. En un momento de inexplicable franqueza, le contó a un periódico cómo había diseñado las mentiras y las distorsiones que se utilizaron en los medios, adecuándolas a los miedos particulares de cada clase social. Ahora nos damos cuenta de que la victoria de Duque empezó a construirse en ese momento; y tanto su partido como su padrino político le exigirán que haga modificaciones de fondo a los acuerdos. Pues bien, el proceso de paz tiene defectos y problemas, pero no son necesariamente los que el presidente electo ha mencionado ni los que le susurran al oído los que lo rodean. Si atiende demasiado a sus exigencias, Duque puede crear una situación de incertidumbre que eche por tierra todo lo alcanzado. Ésta es la situación: Duque puede ser el presidente que consolide la paz; también puede ser el que siembre las semillas de una nueva guerra. Que no será nueva, por supuesto, sino la misma de siempre.

La conclusión, al parecer, es que Colombia votó por miedo. Muchos de los que votaron por Duque no votaron por Duque, sino contra el populista Gustavo Petro: por miedo de que una victoria de ese hombre, que tardó demasiado en distanciarse del chavismo, nos convirtiera *ipso facto* en una nueva Venezuela. Y muchos de los que votaron por Petro no votaron por Petro, sino contra Uribe: por miedo de que el país que tanto ha avanzado en derechos civiles, libertades individuales y construcción de una paz precaria vuelva a ser el país donde las minorías sufren, el disenso se acalla con amedrentamientos o violencias y la cultura de la guerra, que se alimenta del odio, es la que dicta la política. Lo dije en otra oportunidad, pero lo vuelvo a decir: por el miedo a ser una nueva Venezuela, hemos preferido seguir siendo la vieja Colombia.

Conversación con Juan Manuel Santos, a propósito de su libro *La batalla por la paz*
Feria del Libro de Bogotá, 1 de mayo de 2019

Comienzo por el final. El libro termina en punta, con una nota de optimismo en la que pareciera que las consecuencias de las negociaciones de paz, las que queremos para el país, ya están todas puestas en marcha y todos nos sentimos emocionados: los largos esfuerzos de tantos años de negociación han dado fruto. Yo soy menos optimista, viendo lo que está pasando y las dificultades que hemos tenido para llevar a cabo algunas de las promesas del proceso. ¿Qué ha pasado entre el punto final del libro y el momento presente? ¿Cómo ve usted la salud de los acuerdos?

La paz tiene dos fases: la de hacer la negociación, la entrega de las armas, la destrucción de las armas, la reincorporación a la vida política de la insurgencia. Así ha sucedido en todos los acuerdos de paz similares a los que nosotros firmamos. Y la segunda fase, que es la más difícil, es la parte de la construcción de esa paz.

Les comento al respecto una anécdota. Yo iba a visitar mucho al papa Francisco, y le decía: «Santo Padre, ¿por qué no va a Colombia y me echa una manito, que eso está muy difícil?». Y él me decía: «Yo rezo por usted todos los días». Yo pensaba: si reza por mí el papa, tengo que estar en serios problemas. Me dijo: «Pero no se preocupe: yo voy a ir a Colombia, pero cuando usted más me necesite». Y escogió la fecha. Cuando ya habíamos firmado la paz, cuando ya las Farc habían entregado las armas. Y él mismo le puso nombre a su visita: «Voy a Colombia a empujar a los colombianos para que den el primer paso hacia la reconciliación». Y decía, con mucho acierto, que esa fase es la más difícil: la reconciliación —que se puedan sanar las heridas— y la implementación de los acuerdos. Esto siempre ha sido complicado; esto siempre se demora. Sobre todo un acuerdo tan ambicioso como éste, el más ambicioso que se haya firmado hasta ahora. No lo decimos nosotros, sino todos los analistas internacionales. Aquí hay unos planes hasta de quince años para desarrollar las zonas que fueron más afectadas por el conflicto. Entonces estamos en este momento en ese plan de implementación; pero yo soy un optimista nato, y creo que, a pesar de que muchos dicen que esto es demasiado difícil, que esto no va bien, si uno mira objetivamente ve que va bien: hemos cumplido con lo que estaba previsto cumplir en los primeros dos años en un cien por ciento. Lo otro se demora, porque así se estableció. Por ejemplo: los planes de desarrollo se establecieron para que fueran diseñados y consultados con las comunidades durante dos años, y solamente hasta el año 2019 comenzarían a ejecutarse. Y eso es lo que ha sucedido.

Hemos tenido otros riesgos. Por ejemplo, estas objeciones que hizo el presidente Duque, y que ayer por fortuna fueron finalmente rechazadas por el Senado de la República.* Ahí las matemáticas son exactas y las mayorías no las obtuvieron. Y ojalá eso permita que la JEP comience a operar porque no es consecuente que muchos

---

* A comienzos de marzo de 2019, el presidente Iván Duque presentó seis objeciones a la Ley Estatutaria que debía regir la aplicación de la Justicia Especial para la Paz. La ley debió volver al Congreso. Muchos estuvieron de acuerdo en que se trató de una jugada política más que jurídica, cuya intención era debilitar la JEP y cumplir con las exigencias que el partido de gobierno le hacía al presidente.

le quieran poner un palo a la rueda de la JEP y al mismo tiempo le exijan resultados. Con esto que sucedió anoche ya espero que el presidente firme la Ley Estatutaria de Procedimiento de la JEP y comience la JEP a funcionar. El mundo entero está pendiente, porque esto es un ejercicio sin precedentes: que dos partes de un conflicto armado se hayan sentado, hayan diseñado un sistema de justicia y hayan decidido someterse a ella... Eso nunca había pasado. El nuestro va a servir de precedente para otros acuerdos, y yo por eso le digo que esto va bastante bien. Con los problemas normales de un proceso tan complejo.

Ahora vuelvo al principio. Pocas veces me ha parecido tan justa la dedicatoria de un libro. Usted dedica el libro a las víctimas del conflicto: no sólo, dice usted, a las que fueron, sino a las que ya no serán. Eso es una idea clave que también está en el libro de Humberto de la Calle: la idea de que lo que estamos haciendo con la paz es robarle a la guerra sus futuras víctimas. Eso es extraordinario. ¿En qué momento empezó esto a ser parte esencial de la negociación para usted?

Las víctimas se convirtieron en el centro de la negociación de este conflicto cuando decidimos que el acuerdo de paz tenía que enmarcarse, por un lado, dentro de nuestra Constitución y nuestras leyes, pero también dentro del derecho internacional. El Estatuto de Roma, los derechos humanos... Y ahí están las víctimas muy presentes. En el Estatuto de Roma las víctimas tienen que ser reparadas. Entonces los derechos de las víctimas —a la justicia, a la verdad, a la reparación y a la no repetición—, que están establecidos en el Estatuto de Roma, se convirtieron en los puntos neurálgicos de la negociación. Estuvieron en el centro de la discusión desde el comienzo.

Pero hay otro factor muy importante para mí, personalmente. Me dieron una lección de vida maravillosa. Yo pensé —y era lo lógico— que las víctimas, precisamente por haber sido víctimas, por haber sufrido tanto el conflicto, iban a ser las más reacias a apoyar un proceso en el que los victimarios iban a tener algunos beneficios jurídicos. Pensé que dirían: «Yo quiero que esos victimarios paguen por sus crímenes como cualquier ciudadano común y corriente». Cosa que mucha gente —con razón: uno los entiende— ha venido exigiendo. Pero con eso no habría habido paz. Las víctimas resultaron todo lo contrario: las más generosas.

A mí me aconsejó un profesor que vino a visitarme al comienzo del proceso: «Esto va a ser muy difícil: los procesos de paz son complicados. Usted, cuando se sienta a punto de tirar la toalla, hable con las víctimas». Yo me lo propuse casi como un ejercicio disciplinado semanal. Las víctimas me contaban sus historias increíbles, y yo salía de esas conversaciones con el ánimo por lo alto para seguir: tengo que lograr esta paz, pensaba, tenemos que lograr esta paz, porque los dramas que está viviendo la gente no pueden seguir así. Por eso les dedico el libro, pero también todo este proceso. Y creo en eso que usted acaba de mencionar: esto también es para cerrar la fábrica de víctimas. Para que no haya más víctimas en el futuro, que es algo que a mucha gente se le olvida.

El libro no es sólo unas memorias sobre el proceso de paz, sino también una especie de historia personal de lo que ha sido la idea de lograr la paz en Colombia para usted. En ese recuento hay un episodio que me interesa

especialmente: su encuentro en 1996 con Nelson Mandela. ¿Qué pasó ahí y por qué fue importante?

Fue cuando yo era ministro de Comercio Exterior, a comienzos de los noventa. Se celebraba en Cartagena la Octava Conferencia de las Naciones Unidas para el Comercio y el Desarrollo. Me eligieron presidente y eligieron a Mandela presidente para la próxima conferencia, que se celebró en Johannesburgo. Y me tocó ir a entregarle el cargo.

Cuando llegué, tenía una cita de quince minutos para ese cambio de tercio. Por la mañana, en el hotel, prendí la televisión y vi en tiempo real una cosa surrealista: las víctimas y los victimarios, en vivo y en directo. Unos se abrazaban, otros se insultaban... Era una cosa rara y chocante. Después le pregunté a Nelson Mandela: esto que vi esta mañana, ¿qué es?, ¿de qué se trata? Y mis quince minutos se convirtieron en cinco horas.

Mandela me comenzó a hacer un relato de cómo fue su proceso de paz y los elementos importantes para incluir en esos procesos. Eso que yo había visto esa mañana era una especie de terapia para ir sanando heridas: que las víctimas pudieran ver a los victimarios y acusarlos, y los victimarios pudieran pedirles perdón... Eso es un proceso de sanación. Al final, Mandela me dijo: «Yo he conocido bien la historia de su país. Es un país muy violento, y nunca va a despegar si ustedes no terminan esa guerra».

Justo enseguida de ese capítulo hay uno en el que varias veces se insiste sobre la misma idea: de la inhumanidad de la guerra, de cómo la guerra nos ha degradado como seres humanos. Parecen obviedades, y sin embargo yo creo que la resistencia de tanta gente a los acuerdos puede deberse en parte a que nos hemos acostumbrado al horror. ¿Cómo ve usted esto?

Así es. Como sociedad, aquí en Colombia, estábamos perdiendo la capacidad de sentir algo fundamental en cualquier ser humano: la compasión. Recuerdo cuando estaba ejerciendo el periodismo y llegaban noticias sobre masacres. Allí se discutía si mandar algo a la segunda página; y si eran menos de cinco muertos, o de cuatro, aquello no era noticia. Eso me pareció algo horroroso. Si uno pierde la capacidad de sentir compasión en una sociedad, pierde su norte. Eso también fue un elemento muy importante para buscar esa paz: para recuperar algo tan básico.

En otro momento usted menciona una película: *El viaje*, la película irlandesa de Nick Hamm, que le sirve para hacer una reflexión sobre un principio que a mí me parece importante.

Yo menciono esa película por algo que me sucedió a mí y les ha sucedido a casi todos los que han querido o han logrado exitosamente llegar a la paz. La película es un viaje en el que hay una conversación entre los dos líderes: el de los unionistas, Ian Paisley, una persona supremamente dura, muy inteligente, muy agresiva, y el comandante y jefe del IRA, Martin McGuinness. Ellos finalmente lograron ponerse de acuerdo para hacer la paz, y al final, antes de firmar, el uno le dijo al otro: «¿Usted se ha dado cuenta de que su gente lo va a considerar un traidor? ¿Y de que los míos me van a considerar un traidor también?». «Claro que me he dado cuenta», dijo el otro. «Pero esto es más importante». Se dieron la mano y firmaron la paz.

¿Por qué lo menciono? Porque eso mismo le sucedió a Mandela. Esto lo contó en el discurso del entierro de McGuinness el presidente Clinton: cómo lo llamó un día

Mandela y le dijo: «Estoy enloquecido con las críticas. Aquí me están moliendo». Y Clinton le pregunta a Mandela quiénes son: ¿los del *apartheid*? ¿La contraparte? Mandela dice: «No, mi propia gente. Porque les estoy cediendo demasiado a los blancos».

Eso sucede siempre. Nadie queda totalmente contento. En ningún proceso de paz puede quedar todo el mundo contento. Si eso pasa, es un mal proceso de paz. Si no hay descontento de un lado y descontento del otro, sino que todo el mundo está contento, ese proceso de paz no es equilibrado.

Uno de los momentos centrales del libro es cuando usted decide convocar un plebiscito para que el pueblo colombiano tuviera «la última palabra». Después de lo que pasó, con la perspectiva de los años, sabiendo las consecuencias de ese plebiscito, ¿cómo lo ve usted? ¿Sigue teniendo la idea de que eso fue lo correcto?

Pues cuando uno lo mira y ve que perdió, piensa que tal vez no fue lo correcto... Mire, yo creo que fui bastante testarudo y soberbio. Muchos me aconsejaron no hacerlo, romper con mi promesa. Yo prometí desde el principio que aquí no se iba a hacer nada fuera de lo sensato. «Para que ustedes no tengan ninguna preocupación», dije, «esto va a ser sometido a la refrendación popular». Y quería cumplir esa promesa. Pero efectivamente los referendos —no solamente el nuestro: mire lo que está pasando con los ingleses por el suyo— se desvían, y esto se desvió: la gente votó por otras razones. El 35 % de los que votaron por el No (sobre este tema hicimos una encuesta después) votaron porque supuestamente había dentro de los acuerdos la famosa ideología de género, y pensaban que eso iba a destruir a las familias colombianas, como dijo el procurador de entonces. Ahí está esa ideología de género, decía, escondida en el capítulo de «Género» del libro.

Le quiero contar que después del plebiscito convocamos a los líderes del No y les dijimos: «Ustedes están diciendo que quieren la paz. Aquí está el acuerdo: ¿qué es lo que no les gusta? Ellos hicieron cincuenta y nueve propuestas; nosotros acogimos cincuenta y seis. ¡Cincuenta y seis de cincuenta y nueve! Y en un esfuerzo titánico de Humberto de la Calle en Cuba, convenciendo a los de las Farc de que acogieran las nuevas propuestas, sacamos un acuerdo que —lo digo con toda franqueza— fue incluso mejor que el que habíamos firmado. Pero dentro de ese proceso convoqué a los líderes de las Iglesias —la Iglesia católica y los pastores de las evangélicas—, les di un esfero y les dije: «Aquí está el acuerdo. Cambien lo que quieran». Les dije: «¿Dónde está la famosa ideología de género? Muéstrenme». ¿Y sabe qué me dijeron? «Presidente, tenemos que confesarle que nosotros le creímos al procurador y no habíamos estudiado el acuerdo». Y el papa, cuando vino, regañó a los obispos por ese motivo.

Y para los que dicen que el plebiscito fue un desconocimiento de la voluntad popular, les digo: fue todo lo contrario. Lo que hicimos fue casi de inmediato, contra el consejo de mucha gente que me sugería no reconocer el triunfo del No. Recuerde que el huracán Matthew había pasado por la costa caribe y nos había quitado cuatro millones de votos, y el plebiscito se perdió solamente por un poco más de 50.000... Mi respuesta fue: perdimos y hay que reconocerlo. Convocamos a los del No. El referendo o plebiscito es una figura excepcional: nosotros no estamos acostumbrados, como los suizos, a hacer plebiscitos.

Cuando la Corte Constitucional aprobó el plebiscito, dijo expresamente: si se llega a perder, puede renegociar un nuevo acuerdo, pero ese nuevo acuerdo tiene que tramitarse por las vías normales. Es decir, presentarlo al Congreso para que el Congreso lo ratifique, lo apruebe y después lo mande a la Corte Constitucional. Y eso fue lo que hicimos con el nuevo acuerdo. Así que nada de que desconocimos la voluntad popular. Todo lo contrario: acatamos nuestras leyes, nuestra Constitución, y recorrimos el camino que esa Constitución y esas leyes nos habían marcado.

Cuando la fase pública de las negociaciones apenas empezaba, usted convocó a un grupo de periodistas para hablar del tema y discutir sobre lo que estaba pasando, y oír objeciones, y oír reparos y disputas. Ese día yo le dije a usted que lo que me parecía más preocupante era la cantidad de mentiras, distorsiones y desinformación que veía alrededor del proceso de paz. Y eso fue mucho antes de la campaña del plebiscito. ¿Hemos aprendido algo sobre cómo lidiar con las *fake news* y con las mentiras y las distorsiones?

Yo recuerdo muy bien esa reunión. Vladdo, a quien veo aquí, estuvo esa noche también. Y este proceso... Todo el mundo vio lo que pasó. Lo reconoció incluso el gerente de la campaña por el No. Las llamadas *posverdades*, ¿no es cierto? ¡Acuérdese de todo lo que alcanzaron a decir! Aquí hay algo que es un tema de estudio para el futuro y que ha sido analizado mucho en diferentes universidades y eventos académicos: el manejo de las comunicaciones en los procesos de paz. Nosotros lo hicimos en la fase secreta, donde uno de los factores más importantes era medirles a las Farc su verdadera voluntad. Porque las Farc, siempre que comenzaban una negociación confidencial, filtraban algo para hacer quedar mal al Gobierno y para fortalecerse: eso era porque no tenían una verdadera voluntad. Me dio mucha satisfacción ver que duramos dos años hablando y no se filtró una sola palabra sobre esa negociación en que establecimos la agenda: la que se presentó cuando pasamos a la fase pública en Oslo.

También habíamos pactado allí que entre las dos partes iban a ir informando esporádicamente cuando se llegara a acuerdos sobre cada punto. Pero la falta de información produjo un vacío que fue llenado por las mentiras y las posverdades. Comenzaron a inventarse toda clase de cosas: que las Farc iban a ser la policía, o que la mitad de la policía la iban a formar los guerrilleros de las Farc; que yo iba a expropiar a todos los latifundistas, que las pensiones se iban a recortar para poder darles a las Farc sus propias pensiones... ¡Qué no dijeron! Que yo era *fariano, castrochavista*... Eso fue un proceso muy complicado, y me tocó tomar una decisión. Estaba en las Naciones Unidas, recuerdo, y veía en las noticias colombianas una gran cantidad de mentiras... Llamé a Humberto de la Calle y le dije: «Comiencen a informar». Porque es preferible informar, así sea parcialmente, aunque pueda ser contraproducente. Yo decía que un proceso de paz es como una pintura: a los artistas no les gusta mostrar sus cuadros cuando no están terminados. Por eso habíamos establecido el esquema de «Nada está acordado hasta que todo esté acordado». Esto es como lo de las leyes y las salchichas: el proceso de hacerlas es muy complicado. Pero nos tocó mostrar el proceso, mostrar cómo se hacía, y a mucha gente no le gustaba lo que estábamos haciendo. Fue más difícil por eso, por el asunto de la desinformación, pero nos tocó así. ¿Si hemos aprendido? Yo creo que no. Mire los debates en el Congreso de la

República. «¡Sicario!», grita uno. «¡Paraco!», grita el otro. Así seguimos.

Yo conocía esa estadística que usted mencionó: la del 35 % que había votado con la convicción de estar defendiéndose de una amenaza contra la familia católica, etcétera. Está comprobado que muchos colombianos votaron bajo convicciones que eran falsas, o seducidos por las mentiras de una campaña muy hábil. Otros votaron por razones emocionales, si la expresión se vale, muy comprensibles. Yo he tratado de entender a esos votantes. La realidad es que están ahí. Y la pregunta es: ¿cómo nos acercamos? ¿Cómo los convencemos de las bondades de los acuerdos en esta negociación constante que es un proceso democrático?

Yo creo, mirando hacia atrás, que nos faltó hacer mucha más pedagogía. Explicarle a la gente las dificultades, pero también los beneficios. Pero nunca es tarde. Lo que debemos hacer es lo que hace mucha gente en circunstancias parecidas: repetir mil veces el mensaje para que vaya calando, para que se vaya entendiendo. Así se deja una base muy sólida. Cuando uno se sienta con los escépticos y les explica en detalle por qué se hizo tal cosa, dicen: «Es verdad. No me había dado cuenta». Entonces la prevención y las mentiras pasan a un segundo plano. Es un esfuerzo que tenemos que hacer entre todos.

¿Pero hay algo que usted hoy haría distinto?

Muchísimas cosas. Parte del problema que estamos viviendo es que se politizó la paz. Eso fue producto de que se demoró demasiado la negociación. Se lo decíamos a las Farc con mucha frecuencia: no se demoren, porque los que no están de acuerdo con lo que estamos haciendo aprovechan para debilitarlo. Y eso fue el resultado de haber decidido negociar secuencialmente: no se pasaba a un punto siguiente hasta que no se terminara el que se había estado negociando. Eso fue un error. Si hubiésemos negociado los puntos simultáneamente, habríamos terminado antes y le habríamos dado al proceso tiempo de decantarse sin quedar contaminado por la campaña presidencial. Es un ejemplo concreto de lo que haría diferente.

En el libro se dice mucho —y lo dicen autoridades del mundo entero, como lo señaló usted antes— que éste es un acuerdo único. Una de las razones es el papel que han desempeñado las víctimas. Pero yo creo que hay otro ingrediente que separa a este proceso de otros en el mundo, y es la participación del ejército. ¿Cómo fue la decisión de traer al ejército a la negociación y qué consecuencias tuvo eso?

Pues mire, dentro de ese ejercicio de mirar otros procesos de paz —diecisiete, en total, alrededor del mundo— y nuestros propios procesos, había algo que saltaba a la vista, sobre todo en el caso de mis antecesores. Pensar que las Fuerzas Armadas iban a ser enemigas del proceso casi de forma automática, porque iban a creer que les iban a bajar el presupuesto o porque lo primero que se exige para negociar es una reingeniería de las Fuerzas Armadas. Es lo que mucha gente en otros procesos internacionales exige en el primer punto. Nosotros habíamos dicho desde el principio que este punto no se iba ni siquiera a negociar, ni siquiera se iba a permitir que se mencionara en la mesa de negociaciones. Vamos a modernizar las Fuerzas, pero lo vamos a hacer nosotros: el Estado colombiano. Y no como producto de una negociación con la guerrilla.

Para garantizar eso, decidimos incluir, entre otras cosas, a dos de los más prestigiosos generales que ha tenido este país en la historia reciente —el general Naranjo y el general Mora— como negociadores plenipotenciarios. Porque las fuerzas militares, cuando las dejaban por fuera, se volvían saboteadoras del proceso. Yo decidí que los traía, los hacía parte del proceso. Y no solamente eso, sino que al final tomamos una decisión bastante audaz: ordenar la participación de oficiales en servicio activo, que fueran a La Habana a negociar aquellos aspectos donde los militares y los policías son los que mejor conocen la situación. Por la parte logística, la protección de la guerrilla, los campamentos. Fue criticado por algunos: «¿Cómo es posible que envíen a los militares a sentarse con esos guerrilleros?». Y yo les decía: «Todo lo contrario, señores: cualquier oficial debería sentirse muy orgulloso de sentarse con la contraparte para negociar cómo van a entregar las armas. ¡Qué mayor honor para un militar que ése!». ¿Quién entregaba las armas? Las Farc. ¿Quién se quedaba con las armas? Nuestro ejército.

Fue duro ir desinflando esa bomba de tiempo que muchos quisieron poner por haber tomado esa decisión. Pero mirando retrospectivamente, fue la decisión correcta. Y eso de que los militares son enemigos de los procesos de paz no es cierto. Yo cito mucho una frase del general MacArthur. Ustedes creen que a nosotros nos gusta la guerra. El soldado es el último al que le gusta la guerra, porque es el que todos los días arriesga la vida. El que más debería buscar la paz.

Usted dice eso y me hace recordar una anécdota que cuenta María Jimena Duzán en el libro que escribió sobre usted. No sé si la recuerda, pero involucraba al general

Rojas, a Carlos Antonio Lozada y un álbum de fotos. ¿La recuerda?

Lozada era uno de los comandantes más inteligentes y con mayor proyección. Nosotros hicimos varios esfuerzos para capturarlo (para neutralizarlo, así se decía). En uno de esos esfuerzos capturamos su computador, donde estaba, entre otras cosas, un plan para asesinarme a mí. Había también una cantidad de fotos. Ya en la negociación, el encuentro entre ellos dos fue algo bastante sui géneris. Cuando Lozada vio a Rojas, le dijo: «Usted me *tripió*». ¿Qué quiere decir eso? Lozada se abrió la camisa y le mostró una cicatriz: era consecuencia de la bomba que, en otras palabras, le había sacado las tripas. Después se hicieron amigos. La respuesta a eso fue que Rojas le entregó a Lozada las fotos que tenía el computador que le había incautado hacía unos años.

Y como esta anécdota hay muchísimas. Después se encontraron varios de los que estaban combatiendo, y había algo muy satisfactorio en esa relación militares-guerrilla, producto precisamente de haber involucrado a las Fuerzas Armadas en la negociación. Los soldados y policías cuidaban a los guerrilleros en el proceso cuando estaban entregando las armas, o en los campamentos... Eso no se había visto. Los antiguos enemigos cuidando la seguridad de los guerrilleros en el proceso de transición.

Se habla mucho en el libro del «conflicto armado», y eso, cuando uno se da cuenta de los esfuerzos inmensos que se están haciendo ahora por debatir la existencia de ese conflicto, se vuelve importante. Para muchos colombianos, esto es una simple cuestión de semántica. Pero resulta —se entera uno leyendo los libros que han ido saliendo— que el reconocimiento de la existencia de un

conflicto armado es particularmente importante para las víctimas. ¿Puede explicar por qué?

Yo comparo a los que dicen que no hay conflicto armado con aquellos que, mucho tiempo después de que se descubriera que el mundo era redondo, seguían diciendo que no, que era plano. Y duraron muchos años asegurándolo. ¿Cómo se puede decir que no hay conflicto armado con 250.000 muertos y ocho millones de víctimas? ¿A quién le cabe en la cabeza poder decir que no hay conflicto armado? Esto lo dicen sin sonrojarse.

¿Por qué es tan importante que haya un conflicto armado declarado oficialmente? Por un lado, porque si hay un conflicto armado se puede acudir al derecho internacional humanitario y a unos procedimientos de guerra que de otra forma no se podrían utilizar contra la guerrilla y que aquí se aplicaron. Si se llegara a decir —es imposible que eso suceda, pero pensemos de forma hipotética— que no hay conflicto armado, todos los soldados, todos los oficiales y todos los policías se irían a la cárcel. Automáticamente. Pero hay algo más importante todavía, y es para las víctimas. La declaratoria de conflicto armado es lo que dio pie, como fuente de derecho, a invocar el Estatuto de Roma, que es lo que permite la justicia transicional. El Estatuto de Roma le dio además vida a la Corte Penal Internacional. Entonces la justicia transicional, para los crímenes de guerra y de lesa humanidad, tiene unas condiciones que permiten que pueda haber paz, que no haya impunidad (exactamente lo que se negoció), pero que no signifique la cárcel y las penas normales a las cuales estamos acostumbrados. Para resumir: sin declaratoria de conflicto armado, no habría paz.

¿Qué pasa ahora?

Este libro lo escribí pensando que era importante salir rápidamente con la historia de lo que fue la guerra, lo que vivimos. Porque, como decía Churchill, si uno deja que otros le escriban la historia, corre el riesgo de que la escriban mal. Con esa cantidad de mentiras que se estaban generando alrededor del proceso, yo quería dejar constancia histórica, y este libro pretende eso de alguna forma. Hay muchas anécdotas personales, y hay una parte académica sobre las lecciones que este proceso deja para otros procesos: tiene cosas novedosísimas que ya están siendo estudiadas por muchos negociadores. El presidente de Afganistán me ha mandado misiones para que les explique cómo hemos logrado tal cosa, o tal otra, qué es aplicable en su caso... El libro también contiene la lección de la necesidad del apoyo regional e internacional en el mundo de hoy. Ninguna guerra asimétrica puede resolverse en una mesa de negociación sin el apoyo regional.

De manera que hay lecciones, hay anécdotas y hay una especie de constancia histórica. Quise hacer las tres cosas sin —y aquí fue necesario acudir a esa disciplina, a esa fuerza interior— sacarme muchos clavos, ni quise tampoco elogiar demasiado a todos los que participaron. Quise hacer un libro objetivo.

Bueno, algunos clavos sí se saca. Y está bien.

Traiciones a la paz
The New York Times en Español,
5 de septiembre de 2019

Las imágenes circularon en la mañana del jueves 29 de agosto: Iván Márquez, uno de los jefes guerrilleros que negociaron con el Gobierno colombiano el final a medio siglo de guerra muy cruenta, anunciaba su decisión de retomar las armas. Explicó que la nueva guerrilla no practicaría «retenciones con fines económicos», que es como las Fuerzas Armadas Revolucionarias de Colombia (Farc) hablaron durante años del crimen cruel y deleznable del secuestro; explicó que dialogarían con «gentes pudientes del país para buscar por esa vía su contribución», lo cual no es más que una extorsión anunciada. Y luego avisó que no atacarán a policías y soldados, sino que su objetivo, en esta nueva guerra, será la oligarquía. Fueron treinta y dos minutos de eufemismos hipócritas y retórica politiquera, y con ellos Iván Márquez nos devolvió a los colombianos a tiempos que ya habíamos superado. Y no por la amenaza a esa oligarquía, ni siquiera por el desprecio a los que hemos defendido el proceso de paz en las buenas y en las malas, sino por el insulto a las víctimas de esta guerra larga y degradada que sacó lo peor de los colombianos. Los acuerdos de paz hicieron algo que no había logrado nunca ningún conflicto similar en el mundo entero: pusieron a las víctimas en el centro. Y aquí están Márquez y sus secuaces no sólo prometiendo o augurando víctimas futuras, sino traicionando a las pasadas: todas las víctimas de esa guerrilla sanguinaria que estaban dispuestas a pasar la página de la violencia con tal de saber la verdad sobre sus muertos.

En los últimos años han hablado las víctimas. La sobreviviente de un atentado terrorista en Bogotá —una bomba que mató a treinta y seis personas— y otra que logró escapar de la masacre de Bojayá, donde un cilindro de gas usado como proyectil mató a un centenar; las dos cuentan historias muy distintas y muy distintos sufrimientos, pero tienen en común la urgencia de saber por qué pasó lo que pasó y la necesidad de una promesa: que no volverá a pasar. Eran los principios de Verdad y No Repetición que Iván Márquez firmó en La Habana en 2016 y que ahora, con su discurso pendenciero, se acaba de llevar de vuelta a la selva.

Dice Márquez que vuelve a las armas para «luchar por la paz traicionada». Que no se confunda: los que estamos luchando por la paz somos otros. Lo hacemos en la medida de nuestras distintas posibilidades, desde la sociedad civil y desde la política más responsable. Y ellos, los que acaban de declarar que se abre una nueva guerra, son desde ahora parte de los traidores. Por otra parte, en medio de las insensateces, los anacronismos y las intimidaciones, Márquez decía una triste verdad: que el Gobierno ha incumplido los acuerdos. Durante su primer año en el poder, el presidente Iván Duque ha mantenido una ambigüedad indolente frente a la paz: ha objetado y ralentizado la implementación de los acuerdos, que habrían sido difíciles de llevar a cabo incluso sin esos obstáculos. Durante este año muchos hemos advertido que su ambigüedad crearía un clima peligroso de inseguridad jurídica e incertidumbre política, y que ese clima sería el caldo de cultivo ideal para que pasaran cosas como la que acaba de pasar. Estas incertidumbres no son las razones por las que Iván

Márquez y los suyos, perseguidos como los delincuentes que son, han vuelto a las armas; pero sí creo que pueden ser las razones de los que los sigan en sus delirios.

Todos recuerdan en Colombia los fallidos procesos del pasado, cuando guerrilleros reincorporados a la vida política fueron asesinados uno a uno por lo que hoy se sigue llamando «fuerzas oscuras». Una de las responsabilidades del gobierno de Iván Duque era decirles a los desmovilizados que esta vez era distinto. No lo ha hecho, o no lo ha hecho con convicción, porque su partido, el Centro Democrático, nunca ha respaldado los acuerdos. Ahora veo en boletines de prensa que comienza a tomarse el asunto más en serio. Ojalá no sea demasiado tarde.

Lo cierto es que las palabras de los disidentes sólo pueden ser tomadas como lo ha dicho Duque: como una amenaza terrorista. En eso, Márquez le ha dado una gran noticia a la banda de radicales que apuntala al presidente. Al mismo tiempo es verdad otra cosa: si el anuncio o la amenaza de Márquez ha recibido el repudio unánime de los colombianos, si la nueva guerrilla que anuncia nace en el oprobio y en el aislamiento, es gracias a los acuerdos de paz. Saboteados y calumniados por tantos, estos acuerdos han salvado ya más vidas de las que podemos contar y han denunciado el absurdo de buscar el poder por las armas. Y además han puesto sobre la mesa, para todo el que quiera verla, la evidencia incómoda de que los guerrilleros reincidentes y los políticos extremistas están muy de acuerdo en algo: es mejor una guerra conocida que una paz por conocer.

Hace un año, tras la elección del actual presidente, escribí: «Duque puede ser el presidente que consolide la paz; también puede ser el que siembre las semillas de una nueva guerra». Ahora las semillas las han sembrado los otros, Iván Márquez y los disidentes, y la responsabilidad de lo que hagan les corresponde sólo a ellos; pero el presidente Duque tiene en las manos el poder de evitar que destruyan lo alcanzado y que Colombia vuelva a vivir momentos oscuros. Sólo tiene que poner en marcha lo firmado, ahora sí de verdad, y cumplirles a los que están cumpliendo. No pierdo las esperanzas de que esté a la altura del reto.

La paz en tiempos de la posverdad
Le Monde, París, 27 de diciembre de 2019[*]

La segunda década de este siglo atribulado comenzó para los colombianos dos años tarde: el día de 2012 en que el Gobierno anunció lo que serían los diálogos de paz con la guerrilla de las Farc. Negociaciones parecidas habían tenido lugar varias veces en el pasado, y fracasado estrepitosamente. En 1992, después de uno de esos fracasos, un guerrillero se despidió de la delegación del Gobierno con estas palabras ominosas: «Nos vemos dentro de diez mil muertos». En 2012 los colombianos esperábamos que este intento fuera distinto, y que no fuera necesario esperar otros veinte años y mucho más de diez mil muertos para conocer, por fin, un país en paz. En otras palabras: se trataba, como he dicho en otra parte, de robarle a la guerra sus víctimas futuras.

Las negociaciones de La Habana y sus consecuencias marcaron el resto de la década, y no sólo para los colombianos. El conflicto de mi país era una especie de extraña metáfora del continente entero; era un teatro donde se contaban todas las historias importantes de los últimos años, de los coletazos de la Guerra Fría al nacimiento y auge del narcotráfico, y donde parecían desempeñar un papel todos los actores: de Estados Unidos, cuya ayuda militar transformó

---

[*] El periódico *Le Monde* pidió a seis escritores e intelectuales que resumieran la segunda década del siglo. Ésta fue mi contribución al asunto.

decisivamente la relación de fuerzas del conflicto, a la Venezuela de Chávez, refugio y apoyo de las guerrillas colombianas. Aquella guerra distante llegó a Francia con la cara de Ingrid Betancourt, ciudadana francesa cuyo secuestro de siete años en la selva fue la primera noticia que muchos europeos tuvieron de los métodos degradados de las Farc. Las negociaciones tuvieron lugar en Cuba bajo los auspicios de Noruega, y convocaron a quienes habían conocido otras violencias en otras latitudes: en Irlanda del Norte, en Centroamérica, en Sudáfrica. Los diálogos de paz parecieron concentrar, durante cuatro años, las miradas del mundo entero. Eso que llamamos comunidad internacional se volcó en ellos; y un día nos despertamos con la revelación de que allí, en esas negociaciones, se jugaba algo mucho mayor que el futuro de un país.

Lo curioso (y lo lamentable) es que su resultado también fue una metáfora de nuestro tiempo: de sus peores rasgos, de su lado más oscuro. Los acuerdos de paz —el final definitivo de esa guerra longeva y envilecida— se firmaron en septiembre de 2016, pero el presidente Juan Manuel Santos había anunciado desde los primeros días que el pueblo colombiano tendría la última palabra: que los acuerdos de paz sólo se pondrían en marcha después de que fueran aprobados en un referendo. Para ese momento, una implacable campaña de oposición, liderada por el expresidente Álvaro Uribe, había llenado las redes sociales con tantas mentiras y distorsiones que los votantes ya no sabían dónde estaba la verdad, ni qué contenían realmente las trescientas páginas de los acuerdos. En las redes se dijo que los acuerdos les quitarían la pensión a los colombianos, que con ellos se adoptaría el modelo de Estado venezolano, que en La Habana se negociaba el fin de la propiedad privada. También se dijo que en los acuerdos había disposiciones secretas para destruir la familia católica; que los acuerdos buscaban imponer algo llamado ideología de género. En una pancarta célebre se leía «No al aborto. Por eso digo no a los acuerdos de paz», y en el pensamiento mágico de la gente quedaban vinculadas dos discusiones que no tenían relación alguna. Más tarde, cuando un pastor cristiano dijo que la firma de la paz había sido en realidad un rito satánico, ya nada podía sorprenderme.

Los acuerdos de La Habana fueron derrotados —por poco más de cincuenta mil votos en un país de cincuenta millones de habitantes— en el referendo del 2 de octubre. Es imposible decir con certeza cuánto pesaron en el voto de la gente la desinformación y las mentiras, pues mucho influyeron también el resentimiento legítimo y el dolor acumulado. Pero pocos días después, mientras el país se reponía de unos resultados impredecibles, algo sorprendente ocurrió: en una entrevista de vodevil, digna de una mala serie de televisión, el gerente de la campaña por el No reveló la estrategia que habían utilizado. Se trataba, contó, de dejar de explicar los acuerdos para centrarse en el sentimiento de indignación. «Descubrimos el poder viral de las redes sociales», dijo con orgullo, y luego explicó cómo habían distorsionado la verdad. La confesión fue tan grave que el Consejo de Estado, un alto tribunal colombiano, declaró que la campaña contra los acuerdos había cometido «engaño generalizado». Todo era (amargamente) fascinante: habíamos asistido a un verdadero *mode d'emploi* de la manipulación de las masas en los tiempos de internet. Las palabras de aquel político se transformaron en el símbolo perfecto de la nueva relación entre el populismo y el pueblo: «Queríamos», dijo el hombre, «que la gente saliera a votar berraca». Lo consiguieron, y el resultado marcará la historia de mi país durante generaciones.

El referendo colombiano se convirtió en otro de los escenarios de esa transformación atroz que nos cayó encima durante el año 2016: después del Brexit y poco antes de la elección de Donald Trump, la suerte de los acuerdos de paz fue una prueba más de que nuestro mundo ya no era el que habíamos conocido al comienzo de la década. Los diccionarios Oxford eligieron *posverdad* como la palabra del año; hablaron de esas circunstancias en que los hechos objetivos pesan menos que las emociones en la formación de la opinión pública. En los años que han transcurrido desde entonces, la relación entre las redes sociales y los incendios políticos de medio mundo se ha vuelto parte de nuestras conversaciones cotidianas, pero no estoy seguro de que estemos haciendo lo necesario para neutralizar sus peores peligros. Las noticias falsas —la distracción y el engaño, las fabricaciones baratas, la calumnia, el asesinato moral— son parte del paisaje de nuestras vidas democráticas, y ya su impacto supera con mucho el de unas elecciones donde los ciudadanos entregan su voto a quien mejor mienta. En Birmania, donde no había periódicos pero todo el mundo tenía una cuenta de Facebook, una campaña de miedo y falsedad condujo hace unos años a una verdadera operación de limpieza étnica. La sanidad mental de toda una sociedad, nos recordó ese caso extremo, es frágil, caprichosa, vulnerable.

Vuelvo a mi país. Para cuando tuvo lugar la votación de 2016, me había pasado más tiempo del que tenían mis días tratando de defender —en público y en privado, en Colombia y en otros lugares— las bondades de unos acuerdos necesariamente imperfectos, y desde entonces he tratado de defender la urgencia de poner en marcha lo acordado. No ha sido fácil, porque el partido de gobierno ha dedicado buena parte de sus energías a entorpecer la implementación de los acuerdos; y el clima de inseguridad que se ha producido entre los desmovilizados ya comienza a tener consecuencias nefastas. Hace unos meses un grupo de líderes guerrilleros, en un comunicado tan cobarde como belicoso, traicionando tanto los compromisos adquiridos con la sociedad colombiana como la confianza de los demás desmovilizados, anunciaron que retomaban las armas; y aunque la responsabilidad de esa traición a la paz es sólo de ellos, es imposible no reconocer que los reincidentes tienen algo en común con el sector más extremista de la oposición a los acuerdos. Como escribí en otra parte, a ambos grupos les parece mejor una guerra conocida que una paz por conocer.

Sea como sea, la lenta adquisición de la paz ha dominado la conversación colombiana de esta década que se termina. Conversación, digo en un acto de optimismo, pues lo que ha habido realmente es una serie de monólogos incomunicados: los colombianos se dieron cuenta hace unos años de que las negociaciones de paz eran también negociaciones sobre el relato de la guerra, y se dedicaron a tratar de imponer su versión a los demás. Y una sociedad como la nuestra, dividida, enfrentada y polarizada, no logra ponerse de acuerdo en el relato que mejor refleje lo que le ha pasado. Esto, construir un relato en el que quepamos todos, es lo que estamos tratando de hacer los que contamos historias, en el periodismo y la literatura, pero también en el arte y la historia y la fotografía. Pero ahora, en tiempos de redes sociales, nos hemos dado cuenta de que la gran historia la estamos contando entre todos. Es un poder descomunal e inédito, y mucho me temo que lo estamos malversando. Tal vez podamos aprovechar la década que viene para corregir el rumbo.

Conversación con Doris Salcedo
Festival Eñe, Madrid, 21 de noviembre de 2020

Estamos en *Fragmentos*, que es un espacio construido con el material de una guerra. Este suelo que pisamos está hecho con el material de una guerra: nuestra guerra. Es un lugar donde se puede estar, donde no puede ser más concreto, más presente, el pasado violento de nuestro país; pero además el espacio se ha convertido en una gran metáfora de las formas como lidiamos con nuestro sufrimiento. ¿Cómo ves esto? ¿Cómo ves la relación que hay entre el arte y el sufrimiento?

Fragmentos es una de las obras que para mí han sido más importantes, porque es donde realmente he logrado establecer esa relación con total claridad. Se convierte en un ágora del duelo. Aquí vienen las personas a expresar su dolor. No solamente las víctimas de violencia sexual que forjaron, que dieron forma a las 8.994 armas que entregaron las Farc; mujeres que habían sido silenciadas, que habían sido víctimas de una violencia que los colombianos no habíamos comprendido como violencia política; la violencia sexual era algo privado, algo doméstico, y para mí era muy importante decir: esto es violencia política. Y el sufrimiento de esas mujeres sólo puede ser comprendido por nosotros en la medida en que es expresado por ellas, en que nosotros las validamos a ellas como personas capaces de comprender su experiencia y de transmitirla.

Hay un concepto de la filósofa Miranda Fricker: la injusticia testimonial. Dice que a ciertos grupos marginados de la población les negamos su capacidad de comprender la realidad y de interpretarla. Yo quería revertir eso. Las víctimas tienen la capacidad de expresar su sufrimiento con toda claridad. Y nosotros, por lo tanto, debemos ser unos escuchas responsables de ese sufrimiento. Esto era un espacio en el que se tejen muchas cosas; y en el centro mismo de este espacio está la experiencia de la víctima, que en Colombia ha sido ignorada. La ignoramos de manera intencional. Porque despreciamos a las víctimas; porque la inmensa mayoría de las víctimas provienen de zonas marginales. No nos interesa ese conocimiento. Eso que ellas dan es esencial para que nosotros logremos dejar el pasado violento atrás y podamos pasar a un futuro decente y digno, para que podamos imaginar un futuro diferente. Eso pasa por la experiencia de las víctimas. Y *Fragmentos* está aquí para escucharlas.

Me gustaría que hicieras más explícita esa característica —que no sólo tiene esta obra, sino otras de las tuyas— de involucrar en la creación a una serie de personas que no necesariamente eran parte de ella en un principio. Hay obras tuyas en las que son creadores materiales, artistas, o aprendices de artistas, o asistentes; pero en esta obra es distinto. Aquí participaron, en la creación misma de estas losas que pisamos, las víctimas del sufrimiento que las losas tratan de simbolizar. Es como si en tus obras hubiera una propuesta estética, pero antes de eso, en el camino de hacer la obra, hay una declaración política.

Yo soy una artista política y creo que el arte es político. El arte que a mí me interesa es el que no es autobiográfico: el que se conecta con un evento traumático. Y en esa medida debe ser colectivo, porque el trauma que yo estoy elaborando no es personal, y la obra de arte debe situarse en ese punto extraño en donde la biografía y la historia se encuentran. No solamente en *Fragmentos*, sino también en las obras que he hecho en la plaza de Bolívar, he intentado cambiar esa labor convencional del artista como un creador independiente y convertirme más en lo que Gilles Deleuze denomina un *conector*. Para Deleuze, el artista conecta su tiempo, conecta distintos momentos, distintas intenciones, lo que la gente piensa. Es una posición mucho más humilde. No es el gran autor, el creador, sino simplemente esa persona que logra conectar las diferentes tensiones que está viviendo un momento histórico. La audiencia tradicional de otra época se convierte en partícipe y en hacedora.

Cuando perdimos el plebiscito por la paz, yo realicé una obra en la plaza de Bolívar —su título es *Sumando ausencias*— en la que participaron diez mil personas. Diez mil voluntarios que fueron a expresar su dolor, su duelo, por ese fracaso. Esa actitud tan maravillosa de estos diez mil voluntarios me muestra aquello que Walter Benjamin denominaba el *momento mesiánico*. Él decía que en el *continuum* de la catástrofe aparecía una pequeñísima fisura; por esa fisura podíamos encontrar una iluminación. Es una iluminación profana, pero un momento de iluminación. Yo sentí eso cuando llegaron esos diez mil voluntarios. Siento eso que decía Benjamin: que cada generación está dotada de una débil fuerza mesiánica que le otorgan las generaciones anteriores de seres que han sufrido. Yo creo que eso se expresa perfectamente en ese momento. Y es un solo instante, no dura, no es permanente: se expresa en el instante en que hacemos la obra. Pero en un momento tan duro como el que estamos viviendo, esa posibilidad de reconstruir el presente, de hacernos cargo de esa historia terrible que llevamos encima, es un don maravilloso que nos otorga el arte.

Tuviste que tener más contacto con las mujeres que trabajaron este material que estamos viendo. Probablemente oíste sus historias... Yo mismo las he oído en ese documental en el que cuentan cómo el trabajo físico de martillar, de golpear los restos de las armas que las habían violentado, fue una especie de terapia en sí misma. Quiero saber si fuiste testigo de un cambio en estas mujeres durante el trabajo que hicieron contigo, si viste una transformación.

Sí. Yo había trabajado con ellas en otra obra y teníamos una relación de unos dos años. Cuando las invité a hacer esta obra, yo ya conocía sus historias, y había un elemento característico en mujeres que no solamente han sido violadas una vez sino que han sufrido esclavitud: como el cuerpo se lo han quitado, lo que ellas fueron antes de la violación deja de existir. La violación en la esclavitud sexual es una especie de asesinato en el que el cuerpo permanece con vida, pero lo que cada una de estas mujeres era hasta ese momento deja de existir, y ellas tienen que reinventarse y reconstruirse. El cuerpo era muy frágil. Eran mujeres que no se arreglaban, que siempre se ocultaban, que al entrar en un espacio se iban siempre a un rincón, no en el centro... No había en ellas ninguna apropiación de su cuerpo. En el momento en que empezamos a martillar, empezaron a hacerlo suavemente. Yo les di unos mazos pesados, y les costaba trabajo hacerlo. A medida que fueron trabajando, comenzaron a martillar con más y más fuerza, de tal manera que su cuerpo se hizo presente. La capacidad de ese cuerpo de transformar la materia, de dar forma a la historia, las transformó por completo. Muchas de ellas son activistas... En un comienzo venían a hacer visitas guiadas, a orientar al público, absolutamente apropiadas de este lugar y con necesidad de replicar lo mismo en otras partes: en resguardos indígenas, en comunidades afro en el Chocó... Hablábamos antes de injusticia testimonial. Estas mujeres hablaban, en un taller muy intenso con mujeres indígenas, de injusticia epistemológica. Era extraordinario ver cómo se apropiaron de los conceptos, de los espacios y de su propio cuerpo.

En ese sentido, hay algo en *Fragmentos* que tiene mucho que ver con otras obras tuyas: con la de la plaza de Bolívar, por ejemplo, donde el nombre de un porcentaje ínfimo de las víctimas del conflicto colombiano aparece en cenizas sobre unas sábanas... Esto es muy evocador de *Palimpsesto*, aquella obra que hiciste en Madrid, donde los nombres de las víctimas de la travesía por el mar —los inmigrantes que intentaban llegar a España y morían en el intento— desaparecían ante nuestros ojos. Y en esas obras hay una especie de ansiedad por «celebrar» a la víctima, con el temor de que no conmemorarla la hace doblemente víctima. ¿Es así?

Sin duda. Creo que has tocado un punto neurálgico en mi obra. Yo creo que la memoria de la víctima es muy diferente de la memoria de quienes estamos a su alrededor. Toni Morrison, en *Beloved,* usa una idea que me gusta mucho: su personaje no tiene memoria sino *rememoria*. Es un personaje que habita su memoria traumática. Y usa otra palabra que no tiene traducción al español: *disremembered*. «Desrecordada», sería una traducción literal. Eso es lo que hacemos como espectadores de esta violencia: desrecordar. No es un olvido, que puede ser involuntario, sino el acto de desrecordar, que es intencional: tomamos la decisión de hacerlo. Ahí hay un cortocircuito. Creo que la memoria tiene que ser reactivada constantemente para que pueda existir. La memoria es siempre un *acto* de memoria. Esa idea de que podemos hacer un monumento y le endilgamos a esta figura la responsabilidad de recordar por nosotros es absurda. Ya desde 1927 Musil decía que los monumentos eran monumentos al olvido: a los héroes y a los poetas les poníamos una soga al cuello con una piedra y los lanzábamos al mar del olvido.

Yo pienso que tenemos una responsabilidad de memoria para ejercerla. Tenemos que estar permanentemente escuchando y hablando con las víctimas. En estudios de trauma es clarísimo que una experiencia de memoria que se enuncia en público, que es recibida en público, es sanadora. Yo quisiera que *Fragmentos* fuera ese lugar donde las víctimas pueden enunciar esos dolores. Pero eso tiene que estar cambiando todo el tiempo. Por eso, al hacer este monumento yo decidí no dar la última palabra. Esto es en cierta forma algo neutro. Otros artistas van a colocar sus obras sobre este piso; en ese momento son ellos quienes tienen la voz y están contando esas memorias. En otros momentos vamos a tener artistas que están trabajando con víctimas; y la voz de la víctima estará ahí. Pero siempre renovada. El trabajo de memoria no acaba porque además es un campo de batalla.

Como estamos viendo en todas partes.
Como estamos viendo en todas partes. Es un campo de batalla. El poder trata de imponer una narración, de monopolizar la narración. Nos corresponde a los artistas retar..., que nuestra obra sea una forma de resistencia a ese monopolio, a esa hegemonía de la narración. Y por eso la

memoria es un campo de batalla. Si tú dices que en mi obra hay ansiedad, la respuesta es sí: porque esto se está luchando minuto a minuto.

Sebald dice —es una frase que traducida no suena tan bien— que la memoria es la columna vertebral moral de la literatura. Y yo encuentro que también lo es de un arte como el tuyo. Es un esfuerzo por poner un poco de resistencia, de talanqueras, frente al impulso general que tienen sociedades como las nuestras de «desaprender», de «desrecordar», como decía Morrison. Hay un ensayo de Morrison sobre *Beloved* donde ella recuerda cómo, para escribir su novela, no le bastaba con la tradición novelística de Estados Unidos. Ella no podía escribir esta novela sobre la vida de una joven esclava en el siglo XIX basándose en la forma en que trabajaron Mark Twain y Melville y Hemingway, sino que tenía que encontrar su propia narrativa. Y la encontró en las narrativas de esclavos. Y yo veo en toda tu obra un impulso análogo por ser el vehículo con el cual otras personas, que no siempre tienen una voz pública, puedan hacer públicas sus historias. ¿Te preocupa esto?

Sí, claro. Yo parto de la pregunta de quién soy yo, en qué lugar me encuentro, en qué momento histórico. Y trato de descolonizar un poco la narrativa y las historias que quiero contar. Son historias que no se contaban: las historias del tercer mundo no existían, porque el arte era un arte occidental. Y la historia del arte en general está marcadamente enfocada hacia la figura brillante, rubia y ojiazul del blanco: los santos, las vírgenes, etcétera. Los demás no existíamos dentro de eso que se denominaba historia universal. Yo quiero, igual que Morrison, contar la historia con un marco de referencia muy específico. Y ese marco lo da la violencia. Lo esencial del ser humano —su finitud, su vulnerabilidad, su fragilidad— se da en la tragedia. Y aquí tenemos tragedias todos los días. Yo quisiera rescatar esas tragedias, contarlas, devolver estas vidas a la esfera de lo humano. Cargarlas de todo lo complejo, lo bello, lo intenso que puede tener una vida humana. Todo lo que les fue quitado, mi intención es devolvérselo.

Es una actitud política porque se juega a muchos niveles. Es trabajar desde el tercer mundo, desde el subdesarrollo, desde una historia que se considera siempre negativa: cuando se habla de Colombia se habla de lo brutal, del narcotráfico, de lo bárbaros que somos, del crimen. Yo creo que tanto tu labor como escritor como la mía como escultora es construir un piso que ya no sea solamente de trauma, que no sea solamente de vergüenza: sino de pensamiento. Porque tú y yo como colombianos tenemos la capacidad de pensar. Y ese hecho de pensar nos dignifica. Y desde ahí podemos enunciar otros tipos de vida que han sido desconocidos. La existencia de vidas que han sido negadas. Los dos estamos en lo mismo en esa medida.

Tu obra siempre hace una especie de comentario sobre el cuerpo. Aquí estamos parados sobre los restos fundidos y remoldeados de las armas que violentaron los cuerpos de millones de colombianos; una obra que vi en el MoMA se hace de pedazos de muebles domésticos que sugieren todo el tiempo la presencia de un cuerpo que no está ahí, igual que sucedía en Madrid con los cuerpos que desaparecieron en el Mediterráneo. Siempre estás haciendo referencia a cuerpos que no están, a cuerpos ausentes. Para el espectador hay un vacío. Todo es un comentario sobre algo que no está ahí: es el cuerpo humano.

Eso, de nuevo, es muy preciso. Me interesa el cuerpo, pero el ausente. Cada asesinato, cada muerte trágica, es una pérdida a la cual tenemos que responder. Nos tenemos que responsabilizar por ellos, porque los ausentes ya no se pueden manifestar. Existen en la medida en que nosotros los traemos al presente. Mi responsabilidad como artista es hacer presentes esas ausencias. Se ha dicho mucho que la imaginación del artista es darle materialidad a una presencia en una obra de arte. Yo creo que es todo lo contrario: traer lo ausente a la presencia. Partir de ese vacío: aquello que, si no le damos forma, no existe. El «Salmo» de Paul Celan es muy bello cuando dice: «Ya nadie nos moldea de arcilla y de tierra. Ya nadie con su hálito alienta nuestro polvo. Nadie». Es nuestra responsabilidad otorgar ese hálito, ese aliento, para que estas vidas se hagan presentes.

En particular, en este momento estoy pensando que el arte es una forma de pensamiento que tiene que pensar la experiencia de la víctima; pero también tenemos que pensar en el victimario, y tratar de ir en contravía del pensamiento del victimario. Todas las masacres, todos los hechos violentos, fueron pensados, ejecutados, patrocinados por alguien. Yo intento hacer el seguimiento de eso: cómo estos seres pensaron, cómo planearon, la desaparición de otro ser al que no vieron ni escucharon, al que querían destruir. Trato de encontrar las poquísimas huellas de ese ser ausente y trato de hacer el camino inverso hasta llegar al pensamiento de los perpetradores. Derrida decía que los que sobrevivimos estamos llamados a hacer el duelo. Dice que sobrevivir y hacer el duelo son sinónimos. Honrar a los ausentes en mi obra es llevar a cabo permanentemente actos de duelo.

Quisiera que aterricemos un poco más el tema de la memoria, que es omnipresente en tu obra. Hace muy

poco los colombianos estuvimos acordándonos de lo que pasó aquí en Bogotá hace treinta y cinco años, en el Palacio de Justicia. La toma por parte de la guerrilla del M-19 y la retoma por parte del ejército, que en un marco de cincuenta y tres horas dejaron una cicatriz de la que el país no se ha repuesto. Tú hiciste una obra cuando se reconstruyó el Palacio de Justicia —la titulaste *Noviembre 6 y 7*, que son las fechas de los hechos— en la que quisiste de alguna manera denunciar la evidencia de que en ese nuevo edificio construido no quedaba ninguna señal de lo que había pasado ahí: era un acto de desmemoria brutal, de anulación de nuestro pasado común y de anulación de una cicatriz que tenemos con nosotros. Quiero que hables un poco de los materiales con los que hiciste esa obra y de tus intenciones al hacerla.

Yo acababa de llegar de Nueva York, de terminar mi maestría, y estaba trabajando en el Banco de la República, en la Biblioteca Luis Ángel Arango, cuando escuché los primeros tiros. Salí corriendo y cuando llegué a la plaza vi entrar los tanques. Y en la medida de lo posible —porque no permitían acercarse— estuve presente durante la toma. Durante diez años guardé todos los recortes de prensa, asistí a las audiencias cuando me era permitido, conseguía todos los registros de las audiencias y tenía un gran archivo sobre el tema. Muy, muy completo.

Cuando demolieron el edificio, quedó el sótano intacto. En el sótano había una gran cantidad de elementos que contaban la tragedia: sofás atravesados por disparos, objetos quemados, una máquina de escribir derretida sobre un escritorio... Pensé construir en el Museo Nacional una sala específica con estos objetos. En ese momento fui censurada: no me permitieron hacerlo. Empecé a tramitar permisos con Patrimonio, con el Ministerio de Cultura, con el Ministerio de Justicia, para recuperar algunos de estos objetos. Todos me fueron negados. Cada vez que solicitaba el permiso para tener alguno de esos objetos, el objeto desaparecía. Sistemáticamente desapareció todo. Hasta que desaparecieron los marcos de bronce de las ventanas, que fueron lo último que quedó. En ese momento comprendí que lo único que quedaba era una fecha. El edificio había sido destruido, los objetos habían sido —en algunos casos— entregados a cárceles para que los presos trabajaran artesanías... Era borrar la memoria una y otra vez.

Cuando comprendí que no tenía sino una fecha, decidí nombrarla: nombrar la fecha que anuncia el retorno, el aniversario de aquello que nunca va a volver. Yo tenía las autopsias —algunas más serias que otras, algunas más creíbles— y con base en eso decidí descolgar de las fachadas sur y oriental del nuevo edificio una silla, y hacerlo en el momento en que estas autopsias decían que había muerto la persona. Según la autopsia, la primera persona, un guardián, falleció cuando entran los guerrilleros y lo asesinan a las 11:35 de la mañana. A esa hora se descuelga una primera silla, lentamente, y se sigue ese tempo durante dos días: el tiempo de la batalla.

Las cincuenta y tres horas.

Sí. Las cincuenta y tres horas de la batalla. Y la silla queda ahí colgada. Como decías tú: son los cuerpos ausentes. Y son esas sillas expectantes que no podrán ser utilizadas porque una fachada no es el lugar para un ser humano, así como no era el baño —donde fueron asesinadas tantas personas— un lugar para ser ocupado, ni un campo de batalla. Entonces fui trabajando esa historia en un momento en el que nadie hablaba de eso. En 2002, si revisas la prensa, nadie hablaba del Palacio de Justicia, todo estaba en silencio... Yo era como una obsesa que permanentemente pensaba, hablaba de eso. No tenía casi interlocutores. En ese momento fue muy difícil encontrar un permiso para hacer esa obra. Estuve a punto de ser censurada, pero logré una pequeña fisura y pude trabajar de manera oculta durante unos meses.

Conseguí el permiso para trabajar la obra el día anterior a las cinco de la tarde. Ya tenía todo listo y podía ingresar con mi equipo a hacer la obra. Pero fue muy impresionante porque yo estuve en la calle la mayor parte del tiempo, los días y las noches; y así como no se comentaba nada en la prensa, al estar yo en la calle, toda la gente pasaba y me hablaba: de los fantasmas que escuchaban, de los gritos que se oían por la noche. Todo el mundo recordaba qué estaba haciendo en el momento en que se inició la toma. Son esas memorias traumáticas que permanecen, y que por más que quiera el poder acallarlas (Noemí Sanín, como ministra de Comunicaciones, nos puso a ver fútbol), nunca pueden ser reprimidas. Son como un fantasma que siempre vuelve a perseguirnos. Esas memorias que están latentes y tienen la capacidad de acorralarnos: siempre están vigentes y van a volver. Los intentos de los poderosos por silenciar esas memorias son perfectamente inútiles, porque siempre van a volver.

Se vuelve esto un lugar donde se filtran nuestros descontentos, nuestros traumas, el trauma social que vivimos y, en ese sentido, puede de alguna manera evitar que las heridas se vayan infectando, convirtiendo en algo más grave.

Hay un texto muy bello que escribió Adorno que se llama *Sobre la teoría de los fantasmas*. Dice que recordamos a los muertos violentos en una forma perturbada y como perversa: los mantenemos embalsamados en nuestra memoria y olvidados, pero están perfectos: así creamos que están bajo muchas capas de olvido, están perfectos. Él dice que en esa ambigüedad se genera lo que él denomina una herida social. Esa herida en la civilización solamente se podrá sanar en la medida en que confrontemos la capacidad destructiva que tiene la violencia. Antes de iniciar esta charla hablábamos de Alemania. Yo creo que los alemanes tuvieron el valor moral de enfrentar su pasado terrible y su culpabilidad. No solamente se sienten culpables —eso es un fenómeno interno: yo puedo sentirme culpable sin que tú lo percibas—, sino que sienten vergüenza, y eso hace que cambien: para dejar de sentir vergüenza. A los colombianos nos hace falta sentir esa vergüenza para cerrar esa herida social que permanentemente se reabre. Los artistas tenemos una gran responsabilidad de traer al presente esa vergüenza. Hasta que la asumamos. Si tenemos nueve millones de víctimas en Colombia, yo siempre pregunto: ¿cuántos perpetradores tenemos? No sólo es un país de víctimas: es un país de perpetradores.

En algún momento te oí decir que tus obras nacían de un contacto con una persona que cuenta una historia. Eso a mí, por razones evidentes, me interesó mucho: ponía en escena el carácter narrativo que tienen tus obras. Tú intentas, por unos medios laterales, ambiguos, contar una historia: abrir un espacio donde alguien pueda contar una historia. ¿Puedes hablar de esto?

Sí. A mí me parece que la narración es esencial; pero en Colombia estamos dos pasos antes de la narración. El acto violento deja a la víctima sin lenguaje; y para su familia, antes que narrar su historia, viene el gemido, el llanto...

Eso es algo terrible de la violencia: nos deja sin lenguaje. Si no lo recuperamos, no podemos recuperar la memoria. ¿Cómo vamos a tener memoria si no hay narración? Siempre me acerco a las víctimas, y cada una de mis obras está basada en el testimonio de una víctima. Las escucho, pero no tomo notas, y luego hago una investigación casi detectivesca: voy a las zonas donde ocurrió el crimen, veo cuáles son los recursos materiales de las personas, cómo son los muebles que tienen, cómo es la vivienda, o si no la tienen... Y trato entonces de construir una narración que tiene muchas capas de sentido.

Se dice con frecuencia que el dolor de las víctimas es ininteligible, pero yo creo que parte de nuestra labor es volver inteligible todo eso. Partimos de sus testimonios —que son generalmente muy bien armados, muy bien estructurados— y así podemos acercarnos a la memoria. Y se crean capas: el perpetrador, la víctima, la indiferencia terrible de esta sociedad, el papel que jugamos al olvidarlas..., al *desrecordarlas*.

Me gustaría que cada una de mis obras fuera como el inicio de una narración. Lévinas decía que el arte es la profecía del lenguaje; yo quisiera que mis obras dieran pie a que cada persona pueda construir su historia. Que sea lo suficientemente silenciosa para que cada cual escuche la historia que pueda escuchar.

Hay un rasgo de tus obras que tal vez tiene que ver con este carácter narrativo, y es un afán por lo concreto. O más bien una guerra contra lo abstracto —aunque el miedo a las generalizaciones es un rasgo de todo gran arte—. No hay nada más concreto con respecto a la guerra colombiana que este espacio donde estamos parados. La abstracción nos dice: hubo un conflicto y hay ocho

millones de víctimas. Tú agarras las armas y las conviertes en este suelo.

Yo me formé como artista cuando el arte norteamericano pasaba por un momento de abstracción extremo: el minimalismo, por ejemplo, que me parece un movimiento sobrevalorado. Recordemos que la historia del arte está íntimamente ligada a la política: no es casual que el Museo de Arte Moderno de Nueva York en sus comienzos fuera patrocinado por la CIA. Había una hegemonía de este arte abstracto que tiene un lado muy bello, pero que es apolítico. Yo venía de Colombia, cargada de historias y con una necesidad irrefrenable de contarlas. Así empiezo a transformar esas historias. Evidentemente, somos colonia, y además inscrita dentro del canon occidental: como artistas, no nos podemos salir del canon. Somos la cola de Occidente pero estamos ahí. Entonces tengo que inscribirme dentro de esa narrativa porque el arte siempre es intertextual, siempre es un diálogo con otros artistas —a pesar de que yo piense que ese arte está sobrevalorado—. Inicio ese diálogo con capas de narración y de memoria.

Yo soy escultora. La materia, para mí, es esencial: es lo que nos permite hacer concretos ciertos valores, una ética... Voy construyendo estos objetos con capas de narración. Cada elemento, cada gesto, cada material tiene que tener sentido, y es un sentido anterior a mí. Yo no me estoy inventando el mundo. Lo que plantea el arte abstracto es: aquí hay un corte y empezamos de cero. No viene nada de atrás. Yo, por el contrario, reconozco que soy una cosa muy insignificante, muy pequeña, en el contexto de algo que es anterior a mí. La vida de la víctima es más importante. Su narración es más importante. Si algún familiar de un desaparecido me da un par de zapatos, ese elemento tiene un carácter histórico para los colombianos. Yo lo tengo que cuidar, y no tengo derecho a hacer con eso lo que yo quiera: tengo unos límites precisos y marcados. Esos dolientes me dieron ropa, zapatos, muebles, puertas... Y yo tengo una responsabilidad para con ellos. Siempre traigo a colación una cosa que dice Paul Celan: todos los poemas son una carta. De manera que yo empiezo una carta: «Bogotá, noviembre de 2020». Y luego: «Querido Juan Gabriel». Eso está en un momento histórico determinado y uno se lo da a alguien. Es para alguien. Y ese «querido», ese destinatario, es la víctima. La víctima ausente a quien yo quiero honrar con esa obra. Es quien se ha convertido en mi interlocutor, porque la historia de esa víctima me interpela, me dice qué hacer... Es como una orden; y yo, como artista, tengo que ser humilde y obediente. Lo que me han dado lo devuelvo a ese ser absolutamente específico.

Dice Celan que cuando uno escribe la carta, la mete en una botella y la tira al mar. Si la carta llega o no a la persona no importa, lo importante es que se dirigió. Lo que yo hago es para una persona exacta que tiene un nombre, que tuvo una vida, que tiene una biografía, que fue dueña de unos objetos, que transformó esos objetos, que transformó a los seres que vivieron a su alrededor... Y eso, toda esa vida, es lo que yo quisiera poner en una obra. Cuando se asesina a una persona, se le quita su carácter, se la *desviste* de todo. La vida nuestra es posible porque hay manos que nos ayudan: alguien hizo tu camisa, tus gafas, los zapatos que te permitieron llegar acá, la silla en que estás sentado. A la víctima le ocurre lo contrario: le quitan todo, todas esas manos que hacen posible la vida, y la dejan en soledad total. Le quitan la posibilidad de estar junto a los suyos. La profundidad de esa palabra: juntos. Yo quisiera devolverle todo eso que conformó esa vida plena, específica, ese mundo único e irrepetible.

Lo hiciste una vez, en una obra que se llamaba *Atrabiliarios*, en la que metiste zapatos en una especie de envoltorio de piel delgada...

Sí.

Esa obra evocó para mí una suerte de imaginario al que tal vez estamos acostumbrados los habitantes del siglo xx: el Holocausto. Es un lugar de reflexión para ti. Le has dedicado obras, basta oírte hablar para reconocer que tus referencias literarias son filósofos, novelistas, poetas que han reflexionado sobre ese momento. Quiero que hables un poco de eso.

Yo me formé ahí: en el Holocausto. Los pensadores del Holocausto son los que de manera más intensa han logrado definir qué es lo puramente humano. Muchos pensadores judíos —algunos anteriores al Holocausto, otros posteriores: Rosenzweig, Lévinas, Derrida, Celan, Nelly Sachs, Primo Levi— son mi marco de referencia. Han tenido la capacidad de pensar el horror con una precisión que es en ciertos momentos insoportable. El Holocausto como la matriz de lo inhumano está presente, creo yo, en todo asesinato. El campo de concentración, por ejemplo (ese lugar donde todo es posible), se reproduce en Colombia en miles de corregimientos. Hay un sitio a doce kilómetros de Cúcuta que se llama Juan Frío, donde estoy tratando de hacer una obra. Allí, un antiguo trapiche fue transformado en horno crematorio. Los paramilitares tuvieron cinco hornos crematorios en el Norte de Santander; éste es el único que se ha mantenido incólume. Cuando miro ese horno crematorio, me parece igual a Auschwitz. En términos absolutos, numéricos, hay una diferencia; pero en el tipo de deshumanización que se llevó a cabo, estamos hablando de lo mismo. Lo que pasa es que nosotros no lo reconocemos como tal. Cuando te enfrentas al hecho de que estos seres fueron incinerados, sabes que eso fue posible porque ahí, en Juan Frío, *todo fue posible*. Como en Buchenwald. Como en Auschwitz. Es la misma matriz. Tenemos mucho que aprender del Holocausto para identificar esos sitios del horror. Creo que nos falta mucho descentralizar. Tenemos que ir a las zonas donde yace inexplorada toda esa experiencia donde los paralelos con el Holocausto son tan absolutamente cercanos. Es un trabajo que todavía está por hacerse. Yo lo estoy comenzando y quisiera continuarlo, porque me parece inaplazable.

¿Piensas en el riesgo que siempre hay, cuando nos enfrentamos a los lados oscuros de la condición humana, de ennoblecerlos? El arte ennoblece, otorga cierta dignidad estética a fenómenos que son muy feos. ¿Cómo manejas esto?

De dos maneras. Una es la que utilicé aquí, en *Fragmentos*: yo consideraba que las armas que habían generado tanta destrucción, tanto daño, tanta muerte, no podían ser embellecidas. Como ves, aquí no hay ningún elemento de belleza. Esto tenía que ser radicalmente desprovisto de belleza. En otros casos uso el método completamente opuesto: que la vida de la víctima es tan bella que no importa lo que le hayan hecho. Hay una obra mía que se llama *A flor de piel*: es una gran mortaja construida con pétalos de rosa cosidos cada uno al otro, y de un tamaño similar a este lugar donde nos encontramos. Era bella, claro, eran pétalos de rosa; pero era mi manera de ofrecerle a esta víctima, que fue descuartizada por los paramilitares, una mortaja y una ofrenda floral. Tiene que haber belleza para devolver algo de brillo, de luminosidad, de complejidad a la memoria de la víctima. Es la belleza que puede ser percibida, por ejemplo, por una madre. Una madre, al ver el cadáver de su hijo, no lo va a ver como una cosa grotesca; es bello, es su hijo.

Voy a terminar —me da lástima terminar; me gustaría quedarme hablando contigo hasta que deje de llover en esta ciudad en la que llueve siempre— con una pregunta sobre *Fragmentos*. Es una obra que terminaste justo antes de que los colombianos asistiéramos a toda una estrategia de parte del partido de gobierno y del poder por sabotear o entorpecer los esfuerzos de memoria que resultaron de los acuerdos de paz. ¿Cómo crees que ha cambiado el papel de esta obra en la sociedad colombiana desde que se inauguró?

Cuando hice *Fragmentos*, yo pensé que estaba contando un acontecimiento que se encontraba en el pasado. Pero en las sociedades violentas, una característica es que el pasado se nos cuela en el presente: no se queda en el pasado, sino que interfiere con el presente. Cuando el partido de gobierno decide no implementar los acuerdos de paz, yo siento que *Fragmentos* se transforma: ya no está contando algo que ocurrió en el pasado; se convierte en algo más complejo: una hoja de ruta. *Fragmentos* nos muestra —es la prueba, es el testimonio— que los colombianos podemos llegar a una negociación y desarmar a trece mil guerrilleros sin disparar una sola bala. Eso demuestra que la guerra es innecesaria, que lo único que tenemos frente a nosotros es la posibilidad del diálogo. Lo pudimos hacer una vez; lo podemos hacer dos. Y tres. No sólo podemos: lo tenemos que hacer.

Fragmentos se convierte entonces en futuro: una promesa de futuro que ojalá logremos cumplir en algún momento.

Contar la verdad
El País, Madrid, 1 de agosto de 2021

Hace un año, los colombianos asistíamos —con fascinación y también con disgusto— a varios intentos por maquillar el pasado de nuestra guerra. Mientras la nueva encarnación de las Farc negaba una de sus prácticas más obscenas, el reclutamiento de menores, la derecha política más poderosa les quitaba importancia a los crímenes del ejército, los llamados *falsos positivos*, responsabilizando a algunas manzanas podridas de lo que se revelaría poco después como una práctica sistemática y nos arrojaría a la cara la cifra atroz de 6.402 víctimas. No había en aquello nada nuevo, por supuesto. En octubre de 2008, enfrentándose a las revelaciones todavía frescas de aquellos asesinatos, el gobierno del presidente Uribe se quitó de encima a los jóvenes muertos con una insinuación infame: «No estarían recogiendo café».

¿Por qué importa esto? La persistencia de las mentiras y la proliferación de las preguntas sin respuesta forman parte del legado de la guerra tanto como los mismos crímenes, y muchas veces representan una herida psicológica capaz de causar sufrimientos sin cuento. Cualquiera que haya entrado en contacto con los testimonios de las víctimas conoce el efecto reparador que tiene el hecho simple de contar las heridas, ver su relato recogido por una institución legítima y sentir que, gracias al relato recogido, su dolor recibe el reconocimiento de la comunidad. Las sociedades en posconflicto tienen que enfrentarse siempre a varias contradicciones, pero una de las más difíciles es sin duda ésta: recordar el pasado, y hacerlo con precisión y sin censura, es la única forma eficaz de comenzar el olvido. Es una de las paradojas de la violencia: para olvidar el daño, nuestra primera tarea es recordarlo correctamente.

Pero esto es aún más difícil de lo que parece. Las evasiones y la negación, la ofuscación o el franco ocultamiento, y sobre todo el olvido deliberado —es decir, todos los mecanismos con los cuales una sociedad, por boca de quien sea, desconoce el sufrimiento de un ser humano— le roban a quien lo ha padecido una parte importante de lo que necesita para comenzar una sanación posible. Y, puesto que un conflicto civil es también el enfrentamiento de varias maneras de contar el mundo, establecer una verdad en la que todos puedan reconocerse se convierte en un requisito indispensable de cualquier promesa de avenencia, por imperfecta que sea. Es aquí donde cobran importancia las comisiones investigativas que han surgido con frecuencia después de conflictos como el colombiano, tan antiguos y degradados que toda violencia parece ser la respuesta a una violencia previa.

Nuestros acuerdos de paz, por supuesto, han producido una de esas instituciones: la Comisión de la Verdad. La encabeza el padre Francisco de Roux: un filósofo y sacerdote jesuita que, como tantas de las personas más valiosas de mi país, recibe con frecuencia las calumnias y los ataques de los miembros más radicales del partido de gobierno. La Comisión tiene desde 2016 la misión ardua de averiguar, hasta donde lo permite nuestra capacidad limitada de escudriñar en el pasado, la verdad sobre la guerra, y pronto tendrá la tarea ingrata de contarnos a los colombianos los resultados de sus averiguaciones. Digo que su tarea es ingrata porque el relato que produzcan, previsiblemente, no dejará contento a nadie. Pero justamente por eso sabremos que han hecho bien su trabajo. Igual que ningún acuerdo de paz, ningún relato de la guerra satisface a todos; si lo hiciera, sería un mal relato de la guerra, un mal acuerdo de paz. Según una encuesta de 1998 en Sudáfrica, dos terceras partes de los sudafricanos creían que la Comisión para la Verdad y la Reconciliación había empeorado las relaciones raciales. Tampoco creo posible que la comisión colombiana, actuando en medio de la polarización y la discordia, enfrentada a poderosas campañas de desprestigio que no distan mucho del asesinato moral, provoque nada parecido a la unanimidad. En la vida política colombiana es más cierto que nunca el viejo mantra del pesimismo: ninguna buena acción queda impune.

Hace unas semanas hablé con Lucía González, una de las integrantes de la Comisión de la Verdad. Quería saber qué había descubierto ella en estos cuatro años de investigaciones en el relato colectivo de un país tan roto como el nuestro. Lo primero que hizo Lucía fue hablarme de nuestra difícil relación con la memoria. «Es una tarea muy importante», me dijo. «Y no me refiero a los esfuerzos de memoria que hacen las instituciones públicas, los organismos que hemos creado para eso; me refiero a lo que ha pasado en los barrios y en las comunidades. Ahora, cinco años después de la firma de los acuerdos, es muy raro encontrar una comunidad que no haya hecho un ejercicio de memoria. El problema es que más arriba, entre quienes toman las decisiones, no hay nada parecido. No hay intentos por reconocer la historia entre quienes nos gobiernan. La dificultad de diálogo que tenemos ahora viene también de eso: es muy difícil dialogar con quien no conoce la historia».

Mientras tanto, la Comisión se ha convertido en un espacio donde otros diálogos son posibles, donde salen a la luz revelaciones importantes y donde verdades incómodas pasan a formar parte de nuestro conocimiento colectivo. Sólo los más cínicos —aunque cierto cinismo, viejo mecanismo de defensa contra dolores extremos, siempre me ha parecido comprensible— niegan hoy el valor que tiene para una sociedad desgarrada ver a los victimarios pedir perdón, y a las víctimas concederlo o negarlo o incluso refugiarse en un silencio soberano. Los líderes de la antigua guerrilla, que durante años justificaron el injustificable crimen del secuestro, han pasado por la Comisión para reconocer el horror y pedir perdón; los paramilitares han pasado por la Comisión para reconocer su responsabilidad en asesinatos oscuros y enfrentar a los familiares de las víctimas. «Todo eso va sumando», me dijo Lucía González.

Creo que tiene razón. En ausencia de las reparaciones más satisfactorias que habrán de venir después, lo mínimo que tienen derecho a esperar las víctimas de la violencia es la vergüenza de los perpetradores; y eso sólo comienza a ser posible cuando los crímenes quedan a la vista de todos, cuando se hacen públicos y entran a ser parte del relato que todos aceptamos. De eso se trata, finalmente. En un viejo ensayo sobre justicia transicional, Wole Soyinka decía, hablando (nuevamente) del conflicto sudafricano, que las fórmulas adoptadas para lograr la pacificación de un territorio no pueden nunca destruir ese pilar de la vida social que es la responsabilidad; decía también que la mitigación de la venganza tiene una sola razón de ser: animar a los actores a que digan la verdad. ¿Será esto posible en el caso colombiano? No lo sé. Pero esto creo saberlo: todos los que intentan que así sea merecen nuestro apoyo.

La autoridad de la Comisión
El País, Madrid, 6 de septiembre de 2021

Han pasado un par de semanas desde los hechos, pero los colombianos seguimos tratando de ponernos de acuerdo sobre lo que realmente ocurrió ese día. La Comisión de la Verdad es, como sabrán los lectores, la institución que nació de los acuerdos de paz para establecer, hasta donde sea posible, un relato de la guerra: un relato ético y político que nos ayude en la tarea dificilísima de la reconciliación, o por lo menos en la del entendimiento. Pues bien, la Comisión lleva ya varios meses invitando a los presidentes vivos de este país a que den su versión, pero se había topado de frente con el ninguneo de Álvaro Uribe, cuyo mandato fue un punto de quiebre en el medio siglo que estamos tratando de interpretar. Cuando accedió por fin, Uribe lo hizo imponiendo sus términos: no visitando a los comisionados en alguna de las veintiocho Casas de la Verdad que se han abierto en todo el país, como han hecho los demás, sino obligándolos a presentarse ante él en una de sus haciendas. Y allí, en un escenario napoleónicamente diseñado —Uribe sentado en una silla más alta que las otras, detrás de una mesa amplísima que sólo él podía usar—, se dio una conversación de cuatro horas que dejó insatisfechos a muchos.

A Francisco de Roux, el sacerdote jesuita que encabeza la Comisión, le llovieron las críticas. No sólo las de siempre: las que vienen de la derecha más atrabiliaria, que usa las redes para el insulto y la amenaza y llegó incluso a manipular un video para acusarlo de simpatías guerrilleras, sino también las de una parte de la izquierda, que vio en la conversación una concesión innecesaria al hombre que lo ha hecho todo para sabotear los acuerdos de paz, pero además para enfrentar a los colombianos y envenenar su convivencia. Opinan éstos que el acto fue un megáfono invaluable para un político que se ha distinguido por su facilidad para la calumnia y el engaño, y los comisionados no supieron contradecir sus afirmaciones más cuestionables ni responder a sus provocaciones más groseras. En otras palabras, dicen, la Comisión sufrió una humillación que habría podido evitarse. Yo tengo para mí que lo ocurrido fue muy distinto.

El valor posible de las instituciones como la Comisión de la Verdad, en Colombia y en Sudáfrica y en Centroamérica, no está sólo en la disposición para hablar con todos, sino en la terquedad para conseguir que todos hablen. En otras palabras, los testimonios importantes hay que ir a buscarlos donde estén, así sea en territorios meditadamente hostiles como el de este encuentro. Lo que hicieron los tres comisionados fue poner su misión por encima de otras consideraciones; se negaron, en fin, a hacer politiquería con algo tan importante como la visión del conflicto que tiene el principal opositor de los acuerdos. ¿Y cuál es esa misión? Entre otras cosas, hacer ciertas preguntas imprescindibles y urgentes, pero que no cabrían en otros espacios. Durante la entrevista hay dos frases que el padre De Roux repite con frecuencia. «Uno tiene muchas preguntas», dice varias veces, llevándose las manos a la cabeza. Y también: «Estas cosas hay que explicárselas al país».

Eso intentó. Después de reconocer que fueron las políticas de Uribe las que obligaron a las Farc a negociar, el padre De Roux le hace al expresidente una pregunta tan elemental que muchos colombianos ya la han relegado al olvido: ¿por qué, en lugar de avanzar sobre lo conseguido, las cosas se enredaron? ¿Por qué se decidió convertir los acuerdos de paz en una razón de conflicto? De Roux elogia la seriedad y el rigor con que se negociaron los acuerdos; recuerda que hasta el Consejo de Seguridad de las Naciones Unidas, que no se pone de acuerdo en nada, se ha puesto de acuerdo en elogiarlos, y luego le pregunta a Uribe: «¿Por qué, ante una cosa tan profunda, no dar un paso de generosidad que hubiera unido a los colombianos?».

De manera que es verdad: hay que explicarle muchas cosas al país. Y es verdad también que uno tiene muchas preguntas. Lo que los ciudadanos no suelen tener —y mucho menos la mayoría de las víctimas de esta larga guerra— es quien las haga en su nombre. La autoridad de la Comisión de la Verdad viene de los acuerdos de paz, que Uribe no reconoce; pero viene, sobre todo, de un lugar más impreciso y abstracto, consecuencia de haberse puesto inequívocamente del lado de las víctimas: de todas, no sólo de algunas políticamente escogidas. Es una autoridad que sólo puedo llamar moral. Es la que tienen el padre De Roux y los comisionados que visitaron a Uribe, y es la misma que Uribe perdió durante la entrevista. Si es que no se le había perdido antes.

Cinco años después
El País, Madrid, 4 de octubre de 2021

Escribo en la madrugada del 2 de octubre, cinco años después del día en que los colombianos fuimos a las urnas para votar sobre los acuerdos de paz de La Habana. Los acuerdos eran el fruto de largas negociaciones que habían dejado una fractura visible en la sociedad colombiana, y así llegábamos a ese domingo: divididos, enfrentados, peleados con nosotros mismos como no lo habíamos estado desde los trescientos mil muertos de la Violencia. Los enemigos del proceso de paz, liderados por el expresidente Álvaro Uribe, habían lanzado en los últimos meses una campaña grotesca de mentiras y distorsiones que calaron en una ciudadanía adolorida, vulnerable y crédula; y así llegaron miles a votar, convencidos de que los acuerdos convertirían a Colombia en la nueva Venezuela, le quitarían a la gente sus pensiones para dárselas a los guerrilleros y buscarían secretamente —mediante un arma temible llamada *ideología de género*— la destrucción de la familia cristiana.

Lo que sigue es historia conocida: los acuerdos fueron rechazados por un margen de 54.000 votos; los negociadores volvieron a sentarse, y los acuerdos renegociados (mucho mejores que los originales, todo hay que decirlo) se acabaron aprobando en el Congreso. Y a pesar de que se comprobó que la campaña de mentiras había sido deliberada, pues el organizador responsable lo reveló involuntariamente en una entrevista, y a pesar también de que el texto definitivo incluía cincuenta y seis de las cincuenta y nueve exigencias de los opositores, el presidente Uribe y su partido cerraron filas alrededor del rechazo a lo acordado. Cuando su candidato ganó las elecciones de 2018, lo hizo cabalgando sobre la promesa de *corregir* los acuerdos, empacada en una de esas frases frívolas a las que nos tiene acostumbrados: «Ni trizas ni risas».

Una de las primeras jugadas del nuevo presidente fue presentar una serie de objeciones a la JEP, los tribunales de justicia transicional creados por los acuerdos. Nadie pensaba que las objeciones llegarían a ninguna parte, porque no tenían el más mínimo asidero legal, pero eso no le impidió a Duque presentarlas. Humberto de la Calle, jefe de los negociadores del Gobierno en La Habana, me dijo por esos días que las objeciones estaban condenadas al fracaso: en ocho o nueve meses, vaticinó, las Cortes rechazarían las objeciones y volveríamos al punto de partida, con el único resultado de demorar la capacidad de la JEP para tomar decisiones. Eso fue exactamente lo que pasó; mientras tanto, el clima de inseguridad jurídica llevó a muchos excombatientes a renegar del proceso, al mismo tiempo que el partido de gobierno, con cinismo impagable, acusaba a la JEP de inoperancia y de fomentar la impunidad. Lo único que logró entonces el presidente, vocero o instrumento de su partido, fue entorpecer la aplicación de la justicia transicional.

De manera que ahora, cuando Duque declara ante las Naciones Unidas que su gobierno ha hecho más que el de Santos por la aplicación de los acuerdos, y cuando sostiene sin mover una ceja que el problema es un acuerdo de paz «frágil», quienes hemos querido de verdad que los acuerdos avancen tenemos derecho a un cierto escepticismo.

Para demostrar su compromiso con la implementación, el Gobierno se llena la boca con cifras propias, pero en cambio desestima las ajenas: el Kroc Institute, por ejemplo, que ha analizado la implementación de los acuerdos de paz de medio mundo, publicó hace poco un reporte que contrasta duramente con el autobombo del Gobierno, y la Comisión Interamericana de Derechos Humanos se ha mostrado preocupada por los avances escasos en lo relacionado con la sustitución de cultivos ilícitos. Duque, mientras tanto, sigue puerilmente culpando de lo que pueda al presidente que lleva tres años fuera de su cargo.

Pero nada de esto es lo esencial: en la realidad de la gente, donde la violencia trastorna las vidas, las cifras tienen poco peso. Lo que sí tiene efecto, en cambio, es el discurso de los líderes, y el partido de gobierno ha mantenido con admirable constancia un discurso que alimenta el enfrentamiento entre los colombianos, provoca desconfianza en los acuerdos y trata todos los días de dinamitar la legitimidad de las instituciones que han salido de ellos: la JEP, principalmente, pero también la Comisión de la Verdad, cuya misión es contarle al país lo ocurrido en la guerra, y que Uribe, jefe natural del partido del presidente, ha declarado no reconocer. Esas actitudes —públicas y visibles— son lo que han dificultado que los acuerdos se conviertan en un lugar de encuentro entre los colombianos. Usar los acuerdos no para unir, sino para dividir a los votantes de cara a las próximas elecciones: eso es lo que busca el partido de gobierno. Y los acuerdos pueden estar blindados jurídicamente, pero si los ciudadanos no creen en ellos, será muy poco lo que puedan cambiar.

El hombre sigue siendo rebelde[*]
El País, Madrid, 18 de octubre de 2021

Hace exactamente setenta años, el 18 de octubre de 1951, apareció en las librerías de Francia un ensayo que fue como un terremoto: un terremoto cuyas réplicas seguimos recibiendo. Yo he vuelto a leerlo por estos días, en parte por mi vieja vulnerabilidad a los aniversarios, en parte por la intuición molesta de que este libro venido de otros tiempos no ha agotado todavía lo que tiene que decirnos.

Cuando publicó *El hombre rebelde*, Albert Camus no había cumplido todavía los treinta y ocho años, pero ya tenía un lugar de privilegio en la izquierda intelectual francesa. Había militado en la Resistencia desde las páginas de *Combat*, una publicación clandestina que salió durante dieciocho meses, cambiando de formato según lo permitían las existencias de papel, y en la cual escribió editoriales arriesgados en el tiempo más peligroso de todos. La publicación de *La peste* lo había puesto en una posición infrecuente: tenía autoridad moral, sí, pero además era un novelista de éxito, una suerte de celebridad literaria cuyo tiempo quieren todas las instituciones y cuyo apoyo buscan todos los manifiestos. Era un hombre querido y respetado; y sin embargo, pocos días antes de que

---

[*] Esta columna no tiene ninguna relación con los acuerdos de paz. Esta columna habla de los acuerdos de paz en cada línea.

El hombre rebelde saliera a la calle, mientras comía en el hotel Lutetia, Camus le dijo a su acompañante: «Deme la mano. Dentro de unos días, no habrá muchas personas que me la den».

Tenía buenas razones para creerlo. En menos de trescientas páginas, su libro se atrevía a condenar varias de las ortodoxias más testarudas de su propio bando, y entre ellas, una en especial: la regla no escrita de que para ser progresista fuera necesario cerrar los ojos ante los horrores del comunismo soviético. Alrededor del Rey Sol que era Jean-Paul Sartre, en aquel palacio de Versalles que era la revista *Les Temps Modernes*, se hablaba del gulag en voz baja, como esperando que nadie lo notara, y se consideraba que mencionar los excesos del régimen policial —la tortura y el asesinato, por ejemplo— era lo mismo que sabotear la Revolución. Camus cometía todas esas herejías, y además lo hacía de la peor manera posible, pues su libro no salía de ninguna indignación política, sino de un lugar mucho más amenazante: una preocupación moral. En su segunda página, *El hombre rebelde* nos echa a la cara esta frase que a mí, viniendo de donde vengo, siempre me ha estremecido: «No sabremos nada mientras no sepamos si tenemos derecho de matar al otro o de consentir que alguien lo mate».

El hombre rebelde es una puesta en escena de esa duda en la que se juega todo. En una definición que ya forma parte de nuestro inconsciente, Camus se pregunta qué es este hombre rebelde del que se dispone a hablar, y enseguida se contesta: «Es un hombre que dice no». Es el no del esclavo al opresor, del que sufre la invasión al invasor: del que ya no está dispuesto a soportar más los abusos de otro. ¿En qué momento, se pregunta Camus, este hombre se convierte a su turno en opresor de otro ser humano, en qué momento abusa de él o lo invade, en qué momento le parece tolerable torturarlo o asesinarlo? ¿Cómo ocurre esa perversión, y qué sistema de convicciones —qué absolutismo ideológico— la justifica? Camus, una de las figuras más respetadas de la izquierda, ha puesto en la picota la idea misma de revolución, ha cuestionado la francesa y ha defenestrado la soviética. Y luego ha observado cómo se caía el mundo.

La reacción de *Les Temps Modernes* fue aún más violenta de lo que esperaba. El triste autor de la crítica era Francis Jeanson, cuyo nombre no nos ha llegado por motivos distintos, que comienza reprochándole a Camus el hecho de que su libro haya sido bien recibido por los medios conservadores: «Si yo fuera Camus, creo que estaría preocupado». El resto de la crítica no es menos pueril. Camus contesta que la verdad de una idea no se decide según lo que la derecha o la izquierda quieran hacer con ella, y se declara harto de recibir lecciones de los intelectuales burgueses que quieren «purgar sus orígenes al precio de violentar su inteligencia». Sartre reacciona con furia. Refiriéndose al gulag, dice: «Sí, Camus, como a usted, esos campos me parecen inadmisibles; pero tan inadmisibles como el uso que la prensa llamada burguesa hace de ellos cada día».

Al lector le pido que mire con atención la palabra *tan*: son tres letras pequeñas, pero en ellas vive toda una concepción del mundo. En otro momento Sartre escribe: «Hay que aceptar muchas cosas si se quiere cambiar algunas». En buena parte de su obra, pero en particular en *El hombre rebelde*, Camus se preguntó cuidadosamente si eso era cierto. Y entonces dijo no.

Las contradicciones de la paz
El País, Madrid, 13 de diciembre de 2021

En espacio de pocos días, los colombianos recibimos las visitas del rey Felipe VI y de António Guterres, secretario general de las Naciones Unidas. Los dos manifestaron su apoyo irrestricto a los acuerdos de paz, para satisfacción de muchos de nosotros, pero la visita de Guterres tuvo además otras aristas que hablan bien de los problemas que enfrentamos. El secretario general participó en un acto de conmemoración de la firma del acuerdo final, celebró el compromiso de los desmovilizados, escuchó cantar a un coro conformado por hijos de los firmantes y visitó el espacio *Fragmentos*, cuyo suelo está hecho con el material de los fusiles fundidos de las guerrillas. Las losas del suelo fueron fabricadas, a punta de martillo y bajo la dirección de la artista Doris Salcedo, por mujeres que fueron víctimas de violencia sexual durante el conflicto, y con algunas de ellas, según leo en los periódicos, habló el secretario general.

El acto de conmemoración tuvo lugar en la sede de la Justicia Especial para la Paz, una institución nacida de los acuerdos cuya misión es juzgar los crímenes cometidos durante la guerra por todos sus actores: guerrilleros, paramilitares, miembros del ejército. Las palabras de Guterres tenían en vilo a muchos, pues la gente se preguntaba si el secretario se referiría a la carta que se había encontrado a su llegada a Colombia. Se la había dejado el líder del partido de gobierno: que no es el presidente actual, por extraño que parezca, sino el expresidente Álvaro Uribe, que lleva once años fuera del poder y sigue ahí, cada vez que despertamos, como el dinosaurio de Monterroso. El espíritu de la carta se puede entender con una sola de sus frases: «Acuerdo de paz no ha habido». En el resto del documento, Uribe acusa a los acuerdos de provocar la impunidad, de elevar la permisividad con el narcotráfico a rango constitucional y de crear un Estado criminal alternativo. Sus palabras navegan entre la hipocresía y el delirio, pero había que ver qué crédito les otorgaba Guterres.

El secretario nunca se refirió ni a la carta ni al expresidente Uribe. Su defensa de los acuerdos tuvo el sabor de lo inapelable. «La firma del acuerdo de paz generó esperanza e inspiración en Colombia y en el mundo», dijo. «Después de más de cinco décadas de conflicto y sufrimiento, tenemos la obligación moral de garantizar que este proceso de paz tenga éxito». Más tarde, ante el presidente Iván Duque y un grupo de periodistas, hizo un elogio sin matices de los acuerdos, exhortó al Gobierno a aprovechar esta «oportunidad histórica» y «avanzar en la implementación», y terminó pidiendo «la cooperación plena de todos con las entidades del sistema de justicia transicional y el respeto por su independencia». En cada cosa tenía razón, pero en particular en esto último: porque esas entidades, la Justicia Especial para la Paz y la Comisión de la Verdad, son las que sufren con más frecuencia los ataques del partido de gobierno: basta con leer la carta de Uribe. Sobre las palabras del antiguo presidente, el actual ha guardado un silencio obediente y comedido, y frente a Guterres se limitó a recibir los elogios.

Pero todo el mundo sabe que la relación del Gobierno con la paz es ambigua, en el mejor de los casos. En realidad, el gran problema de los acuerdos, o de su implementación completa y exitosa, es la curiosa esquizofrenia del partido de gobierno. Su figura más influyente los ataca constantemente, a menudo con mentiras y siempre con distorsiones, negándose a reconocer a las instituciones que han producido, y otros miembros del partido niegan los descubrimientos de la justicia transicional: algunos han llegado a sostener que los infames y ya célebres falsos positivos no son más que una invención de la izquierda. Para encabezar el Centro de Memoria Histórica, en cuyos archivos reposa buena parte de la historia documental del conflicto armado, el gobierno de Duque escogió a un hombre conocido por negar la existencia misma del conflicto armado, con lo cual nos encontramos ante la contradicción de un grupo que niega la existencia del conflicto pero también los acuerdos que lo terminaron: porque «acuerdo de paz no ha habido».

Mientras tanto, Duque actúa como si estuviera dedicado en cuerpo y alma a la implementación de la paz: de la «Paz con legalidad», el nombre que le ha dado a la campaña de su gobierno. Como lo nota cualquiera, salvo casos de ingenuidad redomada, el eslogan contiene agazapada la sugerencia de que hay otra paz, pero ilegal: la que había cuando Duque se posesionó. Pero la verdadera defensa de los acuerdos —que tantas palmadas en la espalda le han granjeado de los líderes internacionales— sería desautorizar o contradecir las palabras de Uribe. Y no sé por qué, pero no creo que lo vaya a hacer.

Los viejos y queridos odios
El País, Madrid, 6 de enero de 2022

Las coordenadas de esta historia son colombianas, pero uno las puede usar sin esfuerzo para iluminar el pasado de muchos otros países. En 1902 había terminado la Guerra de los Mil Días, la más cruenta de las nueve guerras civiles en que nos habíamos enfrascado los colombianos desde la independencia, y en su estela quedaban cien mil muertos, un país enfrentado sin remedio y una economía en pedazos. Ocho años más tarde, con las heridas de la guerra todavía abiertas, asumió la presidencia del país un hombre que llamaré exótico por no encontrar mejor palabra. Su nombre era Carlos Eugenio Restrepo. Era conservador, como los ganadores de la guerra, pero dijo que su cargo no le permitía actuar como miembro de un solo partido; era nacido en Antioquia, pero dijo que en la presidencia no sería más que colombiano; y era católico, pero como jefe civil del Estado, anunció, sería el «guardián de las creencias, cualesquiera que sean, de todos los colombianos». Su programa de gobierno era, sencillamente, la implantación de la tolerancia para desactivar las emociones que durante años habían alimentado la guerra: lo que llamó, en palabras memorables, «los viejos y queridos odios».

Cuatro años después, Carlos E. Restrepo entregó pacíficamente la presidencia. No hizo nada de lo que le hubiera permitido la tradición: no trató de perpetuarse en el poder, no modificó la ley para permitirse otro periodo, no encarceló a sus opositores ni los envió al exilio. Sus críticos lo acusaron de haber hecho un gobierno incoloro, con lo cual querían decir que no había teñido el país con el azul o el rojo de los dos partidos enemigos, y él respondió al final de su mandato con estas palabras:

> Si ningún partido ha encontrado en mí el fiel intérprete de sus odios, de sus amores o de sus intereses, es porque he presidido un gobierno colombiano. Al ser presidente de cualquier facción me hubiera ganado el sufragio incondicional de medio país; pero el otro medio, y sobre todo mi conciencia, me hubieran negado el suyo.

En agosto, este hombre exótico dejó la presidencia. Habían pasado apenas dos meses cuando el general Rafael Uribe Uribe, veterano de la Guerra de los Mil Días, modelo del coronel Aureliano Buendía de García Márquez y senador liberal que había comenzado a hablar de traer a Colombia el socialismo europeo, fue asesinado a golpes de hachuela en pleno centro de Bogotá. Los viejos y queridos odios habían regresado.

Todas las sociedades los tienen, por supuesto. Buena parte de los enfrentamientos que hoy sufre España, sin ir más lejos, viene de esos viejos y queridos odios: esas emociones profundas a las que nos aferramos por razones imprecisas y que nos impiden cerrar del todo el libro de nuestros conflictos, como si nos pareciera más rentable o más satisfactorio mantenerlo abierto. Desde luego que para algunos lo es: siempre hay quienes obtienen beneficios políticos y económicos de azuzar el conflicto entre los ciudadanos, de inventarlo donde no lo hay o de perpetuar y nutrir el que ya existe. Son los mercaderes de la crispación y los rentistas del miedo, tal como los llamé hace algunos años en un discurso ante periodistas. Florecen en todas partes porque explotan una vulnerabilidad humana que en todas partes está presente. No hay nada tan fácil como apelar al resentimiento o a la sensación de agravio, porque no hay nadie que no tenga en su vida la sensación —ambigua o muy concreta, real o imaginaria— de ser víctima de alguien más.

He pensado mucho en los viejos y queridos odios ahora que comienza este año incierto, pues en unos meses mi país se asomará a unas elecciones presidenciales, y lo que está en juego es enorme. No me parece exagerado ni impertinente decir que estas elecciones serán un nuevo referendo sobre los acuerdos de paz, que el presidente actual ha aplicado selectiva e hipócritamente, avanzando mucho en ciertos aspectos —la desmovilización de combatientes, por ejemplo— pero saboteando otros de diversas maneras, o permitiendo que los sabotee su partido: por ejemplo, las instituciones de justicia y de memoria que han surgido de los acuerdos. Sobre estos asuntos he escrito más de una vez recientemente, y no quisiera abusar de la paciencia de mis lectores, de manera que no volveré a entrar en los detalles de estas instituciones; pero lo cierto es que hay mucho por hacer todavía con la paz de Colombia, y el próximo presidente se encontrará con un país donde lo más importante —y también lo más urgente— es esa tarea titánica: llevar a la realidad, hasta donde nos lo permitan nuestras demasiadas limitaciones, ese proyecto que consta en los acuerdos, y que no es otro que una mejor democracia, o una menos defectuosa.

Y eso no va a ser fácil. Se suele decir que la democracia colombiana es una de las más estables del continente, y se mira con admiración el hecho de que los gobiernos se hayan alternado sin mayor sobresalto desde el final de la última dictadura, allá por los años cincuenta del siglo pasado. Yo no logro compartir ese diagnóstico. Más bien lo que he visto es una sociedad tan acostumbrada a la violencia que ha tolerado la postergación de las reformas democráticas más elementales, aguantando la desigualdad brutal y la exclusión rampante, o bien aceptando que el verdadero poder y los verdaderos privilegios sean cosa de pocos: pues en ese país donde una guerrilla envilecida cometía atrocidades sin cuento, hasta la menor exigencia de reformas sociales podía ser fácilmente tildada de complicidad con el comunismo, y su proponente quedaba *ipso facto* en la mira de la extrema derecha más violenta, que durante años mató como quiso con la connivencia o la ceguera del Estado. En otras palabras, la guerra —el diario oficio de sobrevivir— se llevó hasta hace poco todas nuestras energías, y la mía fue una sociedad convencida de que una guerra conocida es mejor que una paz por conocer.

Éste es, acaso, el cambio más grande que ha ocurrido desde la aprobación de los acuerdos: los colombianos se han dado cuenta de que el país no se ha convertido en Venezuela, como decían sin pruebas los opositores, ni ha desaparecido la propiedad privada, ni la guerrilla se ha tomado el poder, ni los acuerdos han impuesto subrepticiamente una ideología de género que ha corrompido la familia cristiana. Las intimidaciones que lanzaron en su momento los enemigos de los acuerdos, y que tanta influencia ejercieron sobre la relación que han tenido con ellos los colombianos, no se han hecho realidad. El próximo presidente, cuya tarea no envidio, habrá de recomponer el ánimo del país para que este asunto de la paz se convierta en un objetivo que una a la gente. Y la primera tarea de la gente, por supuesto, será elegir al que sea capaz de semejante cosa.

En 2016 se llegó a un acuerdo con los armados; ahora habremos de llegar a un acuerdo entre los civiles. En un país tan crispado, tan susceptible a los viejos y queridos odios, eso puede ser lo más difícil. Pero yo, que nunca he pecado de optimismo, no me resigno a que sea imposible.

A manera de epílogo:
Novela y posconflicto

I

En julio de 2021, la Universidad McMaster de Canadá me hizo una invitación que era también un reto: dar las palabras inaugurales de un encuentro cuyo título, «Narrar la justicia transicional: historia, memoria, poética y política», resumía en cinco sustantivos todo lo que me ha preocupado en los últimos años. Y ahora que intento, como en el verso de Vallejo, considerar en frío e imparcialmente las casi doscientas páginas que los lectores acaban de leer, estas piezas que han tratado de interrogar nuestra oscura realidad y sacar algo en claro, me parece que puedo recuperar las palabras que escribí entonces —y que luego leí, por Zoom, en ese año de restricciones y frustraciones y virtualidades— para cerrar este libro de periodismo con una pregunta de novelista. Pues a lo largo de los últimos años he escrito estos artículos y he participado en diversos actos para intentar apoyar nuestros esfuerzos de paz, pero siempre lo he hecho como ciudadano; y mientras tanto, no ha pasado un día en que no me haya hecho la misma pregunta incómoda: en un momento como éste, ¿qué papel pueden desempeñar las novelas? Me apresuro a aclarar que no me refiero aquí a ningún tipo de militancia o proselitismo, ni a la instrumentalización de la novela para transportar las convicciones del autor: la naturaleza de la novela, tal como yo la entiendo, consiste en descubrir lo desconocido, nunca en explicar o exponer lo ya sabido. Cuando uno se ocupa del pasado social de un país, como he tratado yo de hacer en mis libros, parece claro —me lo parece a mí, en todo caso— que la única obligación de una novela es no ser redundante: no decir lo mismo que ya dicen, con mejores medios y mejor fortuna, el periodismo y la historia. Escribimos novelas para decir sobre nuestra realidad (o nuestra experiencia en medio de ella) lo que no se puede decir de otra manera.

Pero si uno cree, como creo yo, que la novela no es simplemente un entretenimiento más o menos sofisticado, sino una forma irremplazable de conocimiento, la pregunta que hago en el párrafo anterior cobra cierta urgencia. Javier Marías prefiere hablar de un «pensamiento literario» que es «diferente de cualquier otro, del científico y el filosófico y el lógico y el matemático y hasta el religioso o político», y que conduce, más que al conocimiento, al *reconocimiento*: «Es una forma de saber que se sabe lo que no se sabía que se sabía». Pero el punto de llegada es el mismo: la ficción es un lugar donde descubrimos algo que no podía descubrirse de otra forma, y la información que nos proporciona se convierte, por lo tanto, en irrepetible e indispensable. Tal vez de esta convicción salga mi personal entendimiento del compromiso, esa palabra larga y pesada que ha agobiado a los escritores latinoamericanos desde hace décadas. Tengo preferencia por las novelas que no se escriben ni se leen para huir de la realidad, sino más bien para *comprometernos* con ella, en el sentido de abrazarla y abarcarla en toda su extensión y su misterio, con todas sus sombras y sus contradicciones, sin arredrarnos ante sus hostilidades o sus problemas o la dificultad de las interrogaciones que nos lanza a la cara; para dejar constancia de nuestra fascinación por sus mecanismos impredecibles y su funcionamiento que nunca terminamos de entender; para atrevernos a meter en ella las manos, aunque nos dé un poco de asco, y abrir en ella los ojos, aunque sea doloroso lo que veamos. La ficción tiene una utilidad, aunque sea ambigua e imprecisa y nunca cuantificable, y aunque sus lecciones suelan venir en forma de preguntas y no de respuestas. Si esto es verdad, y yo creo que lo es, parece inevitable preguntarse: en una sociedad como la nuestra, cuya realidad complejísima rebasa constantemente nuestros más encarecidos esfuerzos de interpretación, y cuya historia de incalculable sufrimiento parece siempre demasiado grande para los esfuerzos de nuestras imaginaciones, ¿cuál es el lugar de la ficción?

Estas páginas intentan esbozar una respuesta.

II

En el curso de las negociaciones de paz, que trajeron consigo revelaciones inéditas sobre una guerra que para muchos pasaba en otra parte, tuve una modesta epifanía: lo que estaba ocurriendo en La Habana, al mismo tiempo que las discusiones sobre la reforma agraria o la participación política, era una negociación narrativa. Y giraba en torno a dos preguntas alarmantes: primero, ¿qué pasó en estos cincuenta años? Y segundo, ¿quién tendrá derecho a contarlo? Son preguntas alarmantes porque implican la cuestión del poder político, que es, sencillamente, la capacidad de imponer un relato a la sociedad. En otras palabras: en el proceso de negociación de unos acuerdos, quien sea capaz de imponer su versión de nuestro pasado tendrá un inmenso ascendiente sobre la vida pública de las próximas generaciones, y no es exagerado decir que podrá moldearla a su antojo. El premio para quien lo consiga incluye, por ejemplo, el poder de declarar la inocencia y la culpabilidad en un conflicto de décadas: el poder de decidir quién es la víctima y quién es el culpable; el poder de definir los términos del dolor y las reglas de la venganza. En un pasaje de *Beloved*, la maravillosa novela de Toni Morrison, un esclavo tiene una discusión con su dueño; aunque el esclavo tiene razón, su dueño lo azota brutalmente para que no olvide, escribe Morrison, que «las definiciones pertenecían a los definidores, no a los definidos». Morrison hablaría muchos años después de cómo, en el momento de escribir esa novela, descubrió que la historia registrada de Estados Unidos —la historia contada por los definidores— no era suficiente para ella, y tuvo que apelar a la memoria de su pueblo tal y como había sido inscrita en las narraciones de los esclavos, historias que habían sido silenciadas o enterradas, las historias de los definidos. El resultado es que las ficciones de Morrison han abierto un espacio para que exista un nuevo pasado, o han permitido que exista un pasado que antes no existía.

La razón es que el pasado —y aquí entramos en terreno pantanoso— tiene una cualidad misteriosa: sólo existe mientras lo contamos. El pasado, a pesar de los cuentos de Borges y las novelas de H. G. Wells, no ocupa un espacio físico propio en el universo conocido. Esto supone un inmenso problema para quienes queremos saber, con una mínima certeza, cómo sucedieron las cosas allí: cómo se amaba y se odiaba, cómo se pensaba y se mataba, cómo se vivía y se moría y cómo se sufría y se gozaba. La incapacidad de conocer el pasado de primera mano es una de nuestras grandes carencias como especie, y de ella derivan nuestras frustraciones más agudas: la sentimos como una amputación, porque el pasado —sobre todo el violento, el que nos ha hecho daño, el que ha dejado en nuestra existencia el vacío duro y brutal de una muerte violenta— nunca termina de pasar. Faulkner, que bien habría podido ser un escritor colombiano, tenía mucha razón cuando escribió en *Requiem for a Nun:* «El pasado no está muerto; ni siquiera es pasado». El pasado permanece con nosotros; es una fuerza que dirige nuestras vidas, pero no podemos verlo hasta que toma la forma de una historia: una historia, por supuesto, que alguien cuenta. No hay pasado sin historia; no hay, pues, pasado sin narrador. Allí radica la fragilidad del pasado: por eso es tan vulnerable a las fabricaciones, las distorsiones y las mentiras.

Los acuerdos de paz han cerrado una de nuestras guerras, pero al mismo tiempo han abierto la obligación de averiguar lo que ocurrió en ella. Por supuesto, es mucho lo que está en juego en la exactitud de estas investigaciones, en nuestra capacidad para construir, con los descubrimientos que surjan de las investigaciones, una historia de nuestro pasado colectivo en la que todos podamos encajar. Toda sociedad, especialmente cuando se ha visto descender a los niveles de barbarie y crueldad que ha experimentado la colombiana, necesita una historia que la recomponga. Esta narración suele estar auspiciada por palabras elevadas como curación o reconciliación, pero a menudo la mueve un objetivo más humilde: la ilusión de mirarnos al espejo sin demasiada vergüenza. He pasado los últimos veinte años aprendiendo a utilizar los misteriosos talentos de la novela para llegar al fondo de nuestra violencia endémica, y el resultado son unas dos mil páginas que he escrito con la esperanza de que la ficción —que siempre es más inteligente, más clarividente y generosa que el ser humano que la escribe— me permita una modesta revelación sobre las razones profundas de esa violencia. Pero nunca ha dejado de asombrarme nuestra capacidad de hacernos daño. Nelson Mandela dijo sobre el caso sudafricano: «Todos nosotros, como nación que acaba de encontrarse a sí misma, compartimos la vergüenza por la capacidad de los seres humanos de cualquier raza o grupo lingüístico de ser inhumanos con otros seres humanos».

Los colombianos hemos sentido una vergüenza análoga —aunque no todos, por desgracia— en los últimos meses, cuando el país se ha enfrentado a las imágenes de nuestro horror que han surgido en la nueva conversación nacional: la del posconflicto, auspiciada o propiciada por las revelaciones que han salido de la Comisión de la Verdad y de los tribunales de la Justicia Especial para la Paz. Hemos sabido de los hornos crematorios utilizados por los paramilitares del nororiente para desaparecer los cuerpos de sus víctimas; del secuestro y la violación que, convertidos en prácticas sistemáticas, la guerrilla de las Farc utilizó como una estrategia más de la revolución armada. También conocimos las verdaderas dimensiones de lo que hemos llamado *falsos positivos*: los civiles asesinados por el ejército colombiano para hacerlos pasar por combatientes, y así obtener beneficios individuales y potenciar los resultados colectivos. Ante este abismo de degradación, lo único que parece apropiado es el relato desnudo de los hechos y luego un silencio respetuoso y contenido. Y allí, la escritura de ficciones no parece tener ningún lugar, o más bien parece estar de sobra.

Encontré las palabras de Mandela en un ensayo publicado por Tzvetan Todorov a mediados de 2001. También encontré algo más. Todorov, por supuesto, ha escrito con lucidez sobre las manipulaciones políticas del pasado, pero este ensayo era una meditación, impulsada por la publicación de una serie de libros, sobre las injusticias cometidas en tiempos de guerra, las formas de juzgarlas y las instituciones que nuestras falibles sociedades han diseñado para perseguir, tras el conflicto, los esquivos valores de la verdad y la justicia. En el ensayo, en medio de un argumento más amplio, Todorov deja caer una idea de pasada que me llamó especialmente la atención. «La reparación de las injusticias del pasado se ha buscado de tres maneras principales», escribe. Y luego este párrafo, que debo citar *in extenso*:

> La primera está en la ley, en la esfera judicial, y se dirige a los antiguos criminales, con el castigo impuesto por un tribunal encargado de juzgar el pasado. La segunda se orienta hacia la vida pública de la comunidad y utiliza los instrumentos de la política y la cultura para dirigirse a las víctimas, proporcionándoles una compensación simbólica o material. La tercera se dirige a la comunidad en su conjunto, con el objetivo de restaurar la unidad de una sociedad marcada estableciendo la verdad sobre su pasado. Entre sus medios destacan las comisiones de investigación, como la Comisión de la Verdad y la Reconciliación de Sudáfrica; y su campo de aplicación es la memoria comunitaria. Estas diferentes intervenciones en nombre de la justicia también parecen tener sus continentes de predilección: Europa continental prefiere la reparación legal; el mundo anglosajón, desde América del Norte hasta Nueva Zelanda, tiende a optar por la indemnización de las víctimas; y África, América Latina y partes de Asia favorecen las comisiones de investigación.

Por supuesto, esta teoría de las predilecciones continentales tiene algo de generalización lúdica; sin embargo, para mí, como ciudadano y novelista de América Latina, señala una relación especial que tienen nuestras sociedades con las narrativas que las conforman. El historiador mexicano Edmundo O'Gorman dice que América no fue descubierta, sino inventada. Se inventó en las Crónicas de Indias, donde las sirenas tienen rostro de hombre y las playas están cubiertas de perlas negras; se inventó en *La verdadera historia de la conquista de la Nueva España*, de Bernal Díaz del Castillo, donde la capital azteca se compara con las maravillas leídas en el *Amadís de Gaula*, una de las novelas de caballerías que secaron el cerebro del pobre don Quijote. Esos relatos de criaturas mitológicas y tierras utópicas, ancestros remotos del realismo mágico, se convertirían en el primer borrador de la historia latinoamericana. Y unos cuatro siglos después, cuando la novela latinoamericana alcanzó la mayoría de edad, uno de los primeros retos que asumió fue el de enfrentarse a los definidores: inventar (o descubrir) una historia de América Latina que contradijera o cuestionara las historias oficiales inscritas, casi sin excepción, en las instituciones autoritarias, conservadoras y católicas que regían nuestras sociedades. Esas ficciones —*Cien años de soledad, Conversación en La Catedral, La muerte de Artemio Cruz*— fueron un acto de rebeldía frente a ciertas narrativas impuestas desde los distintos poderes que moldearon nuestra percepción de nosotros mismos, y muchas veces se convirtieron en relatos nacionales más fuertes y abarcadores que la historiografía. Henry Fielding nos recuerda en una página de *Tom Jones* que la palabra latina *invenire*, inventar, significa descubrir. Las sociedades latinoamericanas siempre han convivido de forma natural con el acto de crear el pasado en la literatura, y creo que aprenderíamos algo importante si pudiéramos decir por qué.

III

Un conflicto civil es ante todo la confrontación de dos o más formas de narrar el mundo. En esas circunstancias, el establecimiento de una verdad en la que todos puedan reconocerse se convierte en un requisito indispensable de cualquier promesa de reconciliación, por imperfecta que sea. Aquí es donde cobran importancia las comisiones de investigación que, según Todorov, tienen el favor de las sociedades latinoamericanas; y aquí es donde vuelvo a mi pregunta inicial: en un momento como el que atravesamos, en el cual la sociedad entera está tratando de contar cosas importantes de diversas formas, ¿cuál es el lugar de la ficción?

En 2005, Nadine Gordimer dio una conferencia sobre, entre otras cosas, la posible tarea del novelista en tiempos de conflicto. Hablaba del mundo que nos dejaron los atentados de 2001 contra las Torres Gemelas y los atentados de Atocha en Madrid en 2004; se preguntaba cómo debemos entender el papel de los escritores como testigos cuando la imagen —las cámaras de televisión, por ejemplo, o el reportaje fotográfico— domina nuestra percepción de la catástrofe, haciendo a menudo superfluas o impotentes las palabras. ¿Qué significa que un escritor pueda ser testigo? Gordimer encuentra una frase en el *Oxford English Dictionary*. El estado de testigo, dice la entrada, se aplica al «testimonio interior». Esto, dice Gordimer, es lo que hacen la poesía y la ficción. Habla de los «hombres, mujeres y niños que tienen que reconciliar en su interior las certezas destrozadas que son víctimas tanto como lo son los cuerpos que yacen bajo los escombros en Nueva York o Madrid, y los muertos en Afganistán». Esta sería la responsabilidad del escritor, sugiere: preservar y explorar e iluminar la dualidad de la interioridad y el mundo exterior.

¿Qué quiere decir Gordimer? Tengo una teoría. Después de cualquier conflicto largo y sangriento, las comisiones de investigación y los tribunales de justicia transicional aparecen como lugares donde se produce un cierto tipo de narrativa, que conduce a un cierto tipo de verdad. Pero hay otro tipo de verdades, otro tipo de conocimientos, que sólo pueden alcanzarse a través del lenguaje de la ficción. Los daños morales causados a los seres humanos por la violencia persistente (el sufrimiento y la degradación tanto del perpetrador como de la víctima), el trauma psicológico, las cicatrices ocultas que son el legado de una guerra como la que mi país está tratando de dejar atrás: son fenómenos muy reales que pueden moldear una vida para siempre, pero a menudo quedan fuera del alcance de las narraciones de hechos, incluso de las de las propias víctimas. Para reconocerlos, comprenderlos y darles el lugar que merecen, necesitamos un esfuerzo de imaginación. La ficción, que siempre se empeña en dar forma y orden al caos de la experiencia humana, también saca a la luz áreas enteras de esa experiencia que de otro modo permanecerían invisibles. La ficción nos tutela o guía en la compleja interpretación de la vida de los demás, y también nos presta el lenguaje para interpretar la nuestra. Una de las primeras consecuencias de la violencia es que dejamos de imaginar a los demás. Creo que la literatura nos ofrece un lugar donde esa imaginación puede volver a producirse.

Quisiera ir más allá y decir que las divisiones que hoy nos asolan a los colombianos son el resultado, al menos en parte, de un fracaso de la imaginación. El profundo rechazo que tantos de mis compatriotas sienten hacia las negociaciones de paz y los acuerdos resultantes puede explicarse de muchas maneras, pero en última instancia proviene de una incapacidad de imaginar: imaginar las consecuencias de la violencia en la vida de los que no vemos, de los que son invisibles para nosotros; imaginar las consecuencias de la desaparición de la violencia, las transformaciones que brevemente se produjeron en esas vidas en los primeros días después del cese del fuego definitivo; imaginar, en fin, la frustración y la rabia, ahora que los fantasmas de la violencia vuelven a hacerse sentir. A Chinua Achebe le encantaba la historia de la mujer aristócrata que, viajando en su carruaje una tarde de invierno, ve a un pobre niño tiritando al lado de la carretera. Le pide a su cochero que le recuerde, tan pronto como lleguen a casa, enviarle al niño algunas cosas calientes. Más tarde, mientras se acomoda frente al fuego, el cochero menciona al niño. «Oh», dice la señora. «Pero si aquí hace calor otra vez...».

El fracaso de la imaginación es también un fracaso del lenguaje. No estoy seguro de cuál de los dos asuntos sea la causa del otro: la falta de palabras con las cuales nombrar nuestra realidad conduce a la imposibilidad de imaginarla, por supuesto, pero también es cierto que una imaginación empobrecida conduce a la progresiva reducción o empobrecimiento de las herramientas verbales que usamos para explicarla. David Grossman, testigo y narrador de una guerra tan irresoluble como la nuestra, describió con precisión el fenómeno:

Por experiencia puedo decir que el lenguaje utilizado por los ciudadanos de un conflicto para describir su situación se vuelve más y más plano a medida que el conflicto avanza, evolucionando gradualmente hacia una serie de clichés y eslóganes. El asunto comienza con la jerga inventada por los sistemas que manejan directamente el conflicto: el ejército, la policía, la burocracia. La tendencia se extiende entonces a los medios de comunicación, que crean un lenguaje elaborado y astuto diseñado para contar a sus audiencias la historia más agradable (erigiendo así una barrera entre todo lo que hace el Estado en la zona de penumbra del conflicto y la forma en que sus ciudadanos deciden verse a sí mismos). El proceso acaba filtrándose en el lenguaje privado e íntimo de los ciudadanos (aunque lo nieguen con vehemencia).

Los colombianos sabemos bien cómo funciona aquello. A partir de cierto momento, ya no hubo secuestros, sino retenciones con fines económicos; no hubo asesinatos de civiles a manos del ejército, sino *falsos positivos*; no hubo extorsiones, sino impuestos revolucionarios; no hubo masacres, sino homicidios colectivos. El lenguaje de todo conflicto es eufemístico y edulcorante, y, en últimas, mentiroso, y su intención es simplificar una realidad extraordinariamente compleja, hurtarnos los medios para pensar en los matices y confinarnos en una determinada habitación ideológica, no vaya a ser que nos pongamos en el intento de entender a nuestros contradictores. «Lo que queda son los clichés que usamos para describir al enemigo o a nosotros mismos», dice Grossman, «los prejuicios, ansiedades mitológicas y burdas generalizaciones con las cuales nos atrapamos a nosotros mismos e intentamos atraer a nuestros enemigos».

Una de las razones por las que leo novelas es para liberarme brevemente, gracias al lenguaje enriquecido y denso y ambiguo de la mejor ficción, de la trampa que trae consigo todos los días el lenguaje abaratado del conflicto tal y como lo cuentan sus partes interesadas. En otras palabras, para volver a respirar algo parecido al aire puro en el ambiente enrarecido de la jerga impuesta por unos y aceptada por otros, y para recordar que la mayor parte de nuestras vidas tiene lugar en las zonas de penumbra —no en aquellas donde todo es «diáfano» y «evidente»—, y que fingir certezas donde no las tenemos, en vez de abrazar las contradicciones de un conflicto como el nuestro, es una grave forma de autoengaño que acaba pasando factura.

No estoy diciendo nada nuevo aquí. La política, el primer narrador de una guerra, usará siempre una dicción y un léxico que simplifiquen y tranquilicen, aun cuando su propósito es excitar: «No se preocupen ustedes», nos dice la política, «que yo tengo las respuestas, yo salvaré la patria, yo identificaré y derrotaré al enemigo que nos atemoriza, y todos ustedes volverán a dormir tranquilos». La ficción que me interesa, en cambio, no quiere sosegar, sino inquietar o sacudir; no quiere simplificar, sino demostrarnos que todo es siempre más complejo de lo que creeríamos. Esto tiene un corolario que parece una paradoja, pero no lo es: en lugares de conflicto, y más si el conflicto ha durado décadas, un nuevo lenguaje tiende a crearse y a asentarse lentamente en nuestra confusa realidad, no explicándola, sino oscureciéndola, no revelándola, sino haciendo lo posible por ocultarla, y los ciudadanos —usted y yo y todos— nos vemos obligados a buscar en otras partes las palabras que nos permitan nombrar lo que vemos o sentimos con clarividencia y precisión. El mejor periodismo y la mejor historiografía son, por supuesto, algunos de esos lugares. Y luego está la ficción, que habla de nuestra vida pública con un lenguaje que es intensamente privado, y, al hacerlo, ilumina para nosotros realidades a las cuales no tendríamos acceso de otra forma. Nos permite, para decirlo con mejores palabras, prestar testimonio interior.

Quisiera terminar reconociendo las limitaciones de mi oficio. Los novelistas podemos volvernos solemnes o grandilocuentes cuando discutimos el impacto de lo que hacemos, y sin duda yo he cometido esos pecados varias veces en estas páginas; y es fácil olvidar que la lectura de novelas sigue siendo una actividad minoritaria, y es fácil olvidar también lo extraño que es el pacto por el cual nuestras vidas humanas proporcionan a la literatura su material y sólo piden, a cambio, que la literatura nos ayude a darles sentido. Dicho esto, creo que un conflicto cruel como la guerra colombiana presenta grandes retos a las novelas que estén dispuestas a aceptarlos. Uno de esos retos es crear un espacio en el que la gente común pueda recibir, de una sociedad distraída, una especie de atención prolongada; un espacio en el que las cosas que tantos pretendían no ver puedan ser vistas para siempre, sucediendo una y otra vez en las palabras. Una novela puede ser, en este sentido, un lugar de resistencia, no sólo contra el olvido, sino contra la negación: un lugar obstinado en el que los ojos de una sociedad están siempre abiertos, siendo testigos de lo que a menudo preferimos no ver: lo feo, lo doloroso, lo aterrador. La literatura nos ofrece un lugar en el que estas historias pueden ser vistas e interrogadas; pero también un lugar en el que estas historias pueden vernos e interrogarnos a nosotros, los ciudadanos-lectores, de maneras que no siempre son cómodas. El pasado, por supuesto, no es un lugar cómodo, sobre todo después de una larga confrontación que ha dejado heridas duraderas y una intensa sensación de desorden. Las novelas pueden ser memoriales donde rendimos homenaje a nuestros muertos, y mausoleos donde nuestros muertos pueden vivir a través de sus historias; pero también pueden dar forma y sentido al pasado, y permitirnos descubrir o inventar las verdades que necesitamos para avanzar hacia el incierto futuro.

Agradecimientos

Agradezco a los editores que encargaron o generosamente aceptaron estos artículos: Fidel Cano en *El Espectador*, Jordi Gracia y José Andrés Rojo en *El País*, Borja Hermoso y Jesús Ruiz Mantilla en *El País Semanal*, Roberto Pombo en *El Tiempo*, Ramón González Férriz en *Ahora*, Esther Rebollo Martín en Agencia EFE, Boris Muñoz en *The New York Times en Español*, Christine Rousseau en *Le Monde* y Mauricio García Villegas, editor del libro *Cómo mejorar a Colombia*. Agradezco a Humberto de la Calle, Juan Manuel Santos y Doris Salcedo por las conversaciones que tuvimos, y a Miguel Silva, Fabio Villegas, Juan David Correa y Jesús Ruiz Mantilla por propiciarlas o imaginarlas y hacerme partícipe de ellas. Agradezco al Dr. Bonny Ibhawoh, de McMaster University, la invitación al encuentro *Narrating Transitional Justice: History, Memory, Poetics and Politics*. Agradezco también a M, que más de una vez, en esos momentos de frustración o hartazgo que no son infrecuentes, ha aplacado mis peores instintos. Finalmente, mi gratitud va para los columnistas de opinión y los periodistas investigativos de Colombia, y para los caricaturistas y los humoristas que aquí son parte de una tradición larga y potente (por lo menos dos de ellos han tenido que llevar guardaespaldas en estos últimos años, y eso es una triste medida de su valor y también de su valentía). En esta página no caben todos los nombres que respeto y admiro, pero son los de hombres y mujeres que se enfrentan, con las únicas armas de la ética y de la palabra, a las fuerzas —siempre bien organizadas en nuestro país y dispuestas a todo— de la mentira y la violencia.

J. G. V.
Bogotá, enero de 2022

Índice

Este libro se terminó
de imprimir en
Móstoles, Madrid,
en el mes de
mayo de 2022